R. PORLÁN y J. MARTÍN

El diario del profesor

Un recurso para la investigación
en el aula

Ediciones **Morata** S.L.

Fundada en 1920
Madrid - España
edmorata.es

El diario del profesor

Un recurso para la investigación en el aula

Por

R. Porlán y J. Martín

Esta edición que recupera Ediciones Morata es una revisión y actualización realizada por los autores sobre la que fue publicada con mismo título por Díada Editora, S. L. en 1991 con reimpresiones en 1993, 1996, 1997 (2), 1998, 1999 y 2000.

© R. Porlán y J. Martín, 1991, 2024

© EDICIONES MORATA, S. L. (2024)
28231 Las Rozas (Madrid)
www.edmorata.es-@edicionesmorata

Derechos reservados
ISBNpapel: 978-84-19287-74-8
ISBNebook: 978-84-19287-75-5
Depósito legal: M-7.133-2024

Compuesto por: MyP
Printed in Spain - Impreso en España
Imprime: ELECE Industrias Gráficas S. L. Algete (Madrid)

Diseño de la portada: Ana Peláez Sanz

CONTENIDO

© Ediciones Morata, S. L.

CAPÍTULO 1

INTRODUCCIÓN: CAMBIAR LA ENSEÑANZA, CAMBIAR LA PROFESIÓN

La enseñanza es una actividad que se desarrolla en un contexto institucional y jerarquizado en el que se mezclan diferentes niveles de decisión: el aula, el centro y el sistema educativo en su conjunto.

En este contexto, que refleja valores, creencias y formas de actuación prototípicas del sistema social, los profesores suelen interiorizar, de manera no consciente, unas determinadas conductas profesionales mayoritarias que se resumen básicamente en lo siguiente: mantener el orden en la clase, explicar verbalmente los contenidos, calificar a los alumnos y utilizar el libro de texto como recurso didáctico fundamental.

Este proceso de socialización profesional genera la creencia de que las conductas anteriormente descritas constituyen la *manera natural de enseñar,* desconociendo que estas prácticas, supuestamente *naturales,* pueden ser analizadas y sometidas a revisión crítica. Esta creencia provoca la ilusión de que enseñar es una práctica desvinculada de cualquier teoría y de que las teorías educativas no son relevantes para la práctica de la enseñanza.

LA MANERA TRADICIONAL DE ENSEÑAR

Basar la dinámica de la clase en la transmisión verbal y directa de contenidos sin conexión directa con la realidad, organizados de manera acumulativa y disciplinar, presupone, aun cuando el profesorado lo ignore, una serie de concepciones como las siguientes:

a. El conocimiento disciplinar es un conocimiento acabado, absoluto y verdadero.
b. Aprender es apropiarse de dicho conocimiento a través de un proceso de atención-captación-retención y fijación del mismo, durante el cual no se producen interpretaciones, alteraciones o modificaciones de ningún tipo.
c. Aprender es un hecho individual y homogéneo, susceptible, por tanto, de ser estandarizado.
d. Lo que se observa aparentemente en la dinámica de una clase es una visión bastante aproximada de lo que realmente sucede en ella.

El conjunto de estas creencias constituye un auténtico *modelo didáctico* que describe, explica e interpreta las formas mayoritarias de enseñanza, al mismo tiempo que las guía, dirige y condiciona, constituyendo lo que anteriormente hemos denominado *la manera natural de enseñar.*

La secuencia metodológica característica de este modelo tradicional de enseñanza se estructura en torno a las siguientes pautas o momentos (Figura 1):

© Ediciones Morata, S. L.

MOMENTO 1:

Explicación del docente. Relato de datos y conceptos siguiente una lógica formal y académica, con la ayuda habitual del libro de texto.

MOMENTO 2:

Realización de actividades para fijar los contenidos. Generalmente son propuestas sacadas de los libros de texto. La mayor parte de ellas con preguntas que inducen a reproducir literalmente lo explicado en clase. Se trata de actividades que suelen reforzar la memorización mecánica.

MOMENTO 3:

Realización de actividades de control sobre lo aprendido. Habitualmente, pruebas escritas que se traducen en una valoración numérica de la capacidad de reproducción fiel de los contenidos por parte del alumnado.

Figura 1. *Secuencia metodológica característica de la manera tradicional de enseñar.*

LA ALTERNATIVA TECNOLÓGICA AL MODELO TRADICIONAL

Una de las críticas más justificadas que se hace al modelo tradicional es su falta de rigor y eficacia. Desde una perspectiva científico-técnica se ha pretendido racionalizar los procesos de enseñanza, proponiendo como alternativa a dicho modelo la descripción de los aprendizajes esperados en términos de *conductas observables* y el diseño exhaustivo de los medios (actividades y recursos) que las hacen posibles. El papel del alumno, en este enfoque, consiste en desarrollar un conjunto de respuestas de aprendizaje observables y medibles, siguiendo estrictamente las pautas y *secuencias cerradas de actividades* determinadas de antemano por el profesorado.

Tras este punto de vista tecnológico subyacen, también, concepciones y creencias más profundas como las siguientes:

a. La enseñanza es causa directa y única del aprendizaje.

b. La mayor o menor capacidad del alumnado para desarrollar las conductas establecidas de antemano es un indicador fiable del aprendizaje conseguido.

c. Todo lo que está técnicamente bien diseñado debe ser bien aprendido, salvo por aquellos alumnos que no poseen las actitudes adecuadas o no son suficientemente inteligentes.

d. Estas secuencias cerradas de actividades son susceptibles de ser aplicadas por diferentes personas, en diferentes contextos, con la alta probabilidad de obtener resultados similares.

La secuencia metodológica característica de este modelo se puede estructurar en torno al siguiente esquema (Figura 2):

MOMENTO 1:

Formulación exhaustiva de objetivos (generales, específicos y operativos/conductuales). Diseño y temporalización de secuencias cerradas de actividades, íntimamente relacionadas con dichos objetivos.

MOMENTO 2:

Aplicación, lo más fielmente posible, de las secuencias de actividades programadas.

MOMENTO 3:

Evaluación/calificación de los alumnos en relación a los objetivos operativos. Realización de actividades de recuperación.

Figura 2. *La alternativa tecnológica.*

LA ALTERNATIVA ESPONTANEÍSTA AL MODELO TRADICIONAL

Otras críticas, de carácter más ideológico y ético, han dado lugar a grupos y movimientos del profesorado, que basan su actividad, sobre todo, en el principio de *respetar la autonomía y la libertad de los alumnos* en su proceso de aprendizaje, pretendiendo favorecer en ellos fundamentalmente la adquisición de hábitos, destrezas, procedimientos y valores alternativos.

Frente a la concepción fuertemente directiva de los dos modelos anteriores, se postula que los alumnos aprenden espontánea y naturalmente en contacto con la realidad. El profesor tiende a convertirse, en muchos casos, en un líder afectivo y social, presentando un componente autodidáctico en su proceso de formación. Las experiencias parten con frecuencia de cero, y la mayor parte de ellas presentan un escaso nivel de teorización.

Algunas de las creencias implícitas que sustentan este modelo suelen ser:

a. El conocimiento está en la realidad y el alumno, en contacto con ella, puede acceder espontáneamente a él.
b. Es más importante el aprendizaje de procedimientos, destrezas, actitudes y valores que de conceptos.
c. No es conveniente planificar y dirigir la enseñanza si queremos atender los intereses de los alumnos.

d. Cada experiencia tiene un carácter genuino; de ahí que no sea posible proponer estrategias o enfoques que sobrepasen sus límites contextuales.

Algunas de los momentos característicos de este punto de vista suelen ser los siguientes (Figura 3):

MOMENTO 1:

Detección de los intereses de los alumnos y elección colectiva de propuestas de trabajo...

MOMENTO 2:

Realización de salidas, observaciones, experiencias, consultas, etc., entorno a dichas propuestas. Elaboración de trabajos individuales y de grupos. Comunicación de los resultados de los trabajos.

MOMENTO 3:

Realización de asambleas para analizar, evaluar y resolver los problemas y propuestas de la clase.

Figura 3. *La alternativa espontaneísta.*

En este modelo, la programación, en muchos casos, se improvisa atendiendo a las propuestas de trabajo que se establecen en el aula. Se considera poco relevante la formulación previa de esquemas *sobre el conocimiento escolar deseable* para los estudiantes, que oriente la intervención del profesorado. También se entiende que la evaluación debe ser un proceso colectivo de análisis y toma de decisiones (a través de la asamblea de clase), renunciando el profesor a cualquier seguimiento propio y sistemático del aprendizaje de los alumnos.

LA INVESTIGACIÓN ESCOLAR: UN INTENTO DE SÍNTESIS

Los enfoques tecnológico y espontaneísta, según nuestra opinión, adolecen de ciertas limitaciones para explicar y orientar adecuadamente los procesos de enseñanza-aprendizaje, pues son respuestas parciales a dos de los aspectos más criticados de la enseñanza tradicional.

El tecnológico, al de su escasa rigurosidad, proponiendo una cierta racionalidad técnica supuestamente universal que tiende a uniformizar la realidad escolar, de por sí compleja y diversa, reduciendo el papel del profesor al de un técnico-ejecutor de planes y currículos diseñados por agentes externos a la escuela, desconocedores, en la mayoría de los casos, de la singularidad de los procesos de enseñanza-aprendizaje.

El espontaneísta, al del autoritarismo y directivismo de la enseñanza convencional, asumiendo un planteamiento de la enseñanza y el aprendizaje radicalmente centrado en el estudiantado, pero, al mismo tiempo, idealizado e ingenuo en algunos de sus principios básicos (como por ejemplo dándole escasa importancia a los aspectos más técnicos, conceptuales y teóricos de la enseñanza).

El problema se plantea, pues, de la siguiente manera: un enfoque realmente superador de la enseñanza tradicional debe responder a la vez a las dos cuestiones planteadas. Debe favorecer una cierta racionalidad de la práctica educativa, convirtiéndola en una práctica fundamentada y rigurosa, e incorporando aportaciones procedentes de diversos campos del saber. Y debe procurar, a la vez, que esto se haga teniendo en cuenta las perspectivas e intereses de los protagonistas, sus particulares concepciones y creencias, y los contextos y situaciones específicos en que dicha práctica tiene lugar.

Se trata, en definitiva, de abordar el viejo problema de la relación teoría-práctica. Unos apuestan por la supremacía de la primera sobre la segunda (modelo tecnológico), derivando prescripciones metodológicas muchas veces *rígidas*, inapropiadas y descontextualizadas. Otros entienden lo contrario:

sobrevalorando la práctica y obviando la teoría (modelo espontaneísta) (Figura 4).

Habermas, citando a Schelling, manifiesta respecto a este
punto de vista lo siguiente:

> "El horror a la especulación, el ostensible abandono de lo
> teórico por lo meramente práctico, produce necesariamente en
> el obrar la misma banalidad que en el saber" (HABERMAS, 1982).

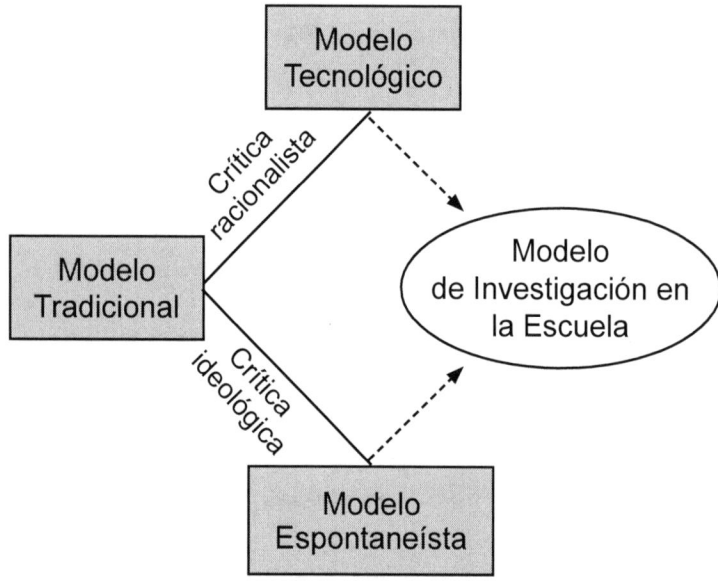

Figura 4. *Modelos de enseñanza-aprendizaje.*

Para nosotros *toda práctica obedece a una teoría y* la relación entre ambas no se plantea en términos jerárquicos, sino
dialécticos. Siguiendo la metáfora de CLAXTON (1984), el mapa
(la teoría) no hace al territorio (la realidad, la práctica), pero
ayuda a caminar por él, a no perderse, a situarse en el punto
elegido, a trazar el itinerario deseado. A su vez, el recorrido por
el territorio (la práctica) nos hace comprender de manera más
significativa y contextualizada los símbolos topográficos, co-
brando sentido las diferentes señales que aparecen en el mapa

(la teoría). Al mismo tiempo, la experiencia permite ir completando el mapa y hacerlo progresivamente más complejo.

En este sentido, el modelo que proponemos se fundamenta en las siguientes bases teóricas (GRUPO INVESTIGACIÓN EN LA ESCUELA, 1991):

   a. Una concepción sistémica y compleja de la realidad y de los procesos de enseñanza-aprendizaje que pretenden conocerla.

   b. Una visión constructivista e investigadora del desarrollo y del aprendizaje humano.

   c. Una perspectiva crítica y social de la enseñanza.

En un nivel más cercano a la práctica, este modelo se concreta en una serie de principios didácticos que guían las propuestas de intervención:

   a. La investigación de los alumnos como proceso de construcción de normas, actitudes, procedimientos y conceptos en el aula.

   b. La investigación del profesorado como forma de propiciar una práctica reflexiva y un desarrollo profesional permanente.

   c. El carácter procesual, abierto y experimental del currículum, como forma de establecer un equilibrio adecuado entre la planificación y la evaluación de la enseñanza.

EL PROFESOR COMO INVESTIGADOR EN EL AULA

Como hemos dicho en otras ocasiones (PORLÁN y otros, 1988):

> "El profesor es el mediador fundamental entre la teoría y la práctica educativa. Las características de su trabajo profesional le confieren un papel regulador y transformador de toda iniciativa externa que pretenda incidir en la dinámica de las aulas.

Esta mediación se realiza a través de un doble proceso. Por un lado, en el plano cognitivo, el profesor interpreta y valora las informaciones exteriores que recibe, sean estas modelos educativos o instrucciones curriculares, desde sus propios esquemas de conocimiento. Digamos, en este sentido, que el profesor posee un sistema de creencias sobre la enseñanza que opera a modo de filtro cognitivo, a veces incluso de obstáculo cognitivo, respecto a dicha información.

Por otro lado, el enseñante se conduce en la clase como un práctico que toma innumerables decisiones sobre su comportamiento concreto. Este comportamiento, aunque está influido por su sistema de creencias y opiniones, no se adecua mecánica mente al mismo. Más bien es el resultado de la influencia de diversas variables (emocionales, cognitivas, actitudinales...) que interactúan con el contexto específico; todo ello en un proceso que se escapa, en parte, a su control consciente.

Esta doble dimensión del carácter mediador del profesorado evidencia la enorme importancia que tiene hacer explícitos sus esquemas de conocimiento profesional y analizar la relación de éstos con su actuación en el aula".

El papel, por tanto, que debe desarrollar el docente, se contrapone, según esto, a la de un sujeto pasivo que aplica mecánicamente el currículum establecido. Como muy bien señala GIMENO (1988), el profesor debe ser:

"un agente activo en el desarrollo curricular, un modelador de los contenidos que se imparten y de los códigos que estructuran esos contenidos, condicionando con ello toda la gama de aprendizajes de los alumnos".

Esta relación mediadora se representa sintéticamente en la Figura 5.

La imagen que proponemos, por tanto, se sitúa en la perspectiva de un sujeto que, teniendo en cuenta las características y necesidades de su alumnado, y las orientaciones, prescripciones y aportaciones teóricas que considera significativas, planifica, diseña y evalúa su intervención.

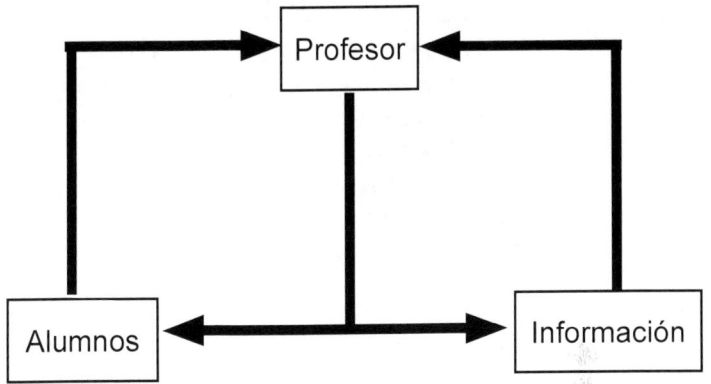

Figura 5. *El profesor como elemento mediador del proceso de aprendizaje del alumno.*

Es el profesor, desde este punto de vista, el que diagnostica los problemas, formula hipótesis de trabajo, experimenta y evalúa dichas hipótesis, elige sus materiales, diseña las actividades, relaciona conocimientos diversos, etc. Es (o debe ser), en definitiva, un *investigador en el aula*.

EL DIARIO DEL PROFESOR COMO GUÍA PARA LA INVESTIGACIÓN

Como hemos dicho, el profesor concibe la realidad escolar desde su particular modelo didáctico, tácito o explícito, constituido por un conjunto de creencias de diferente naturaleza acerca del desarrollo humano, del aprendizaje, de las relaciones sociales, de los contenidos, etc. Dicho modelo es el trasfondo que guía, y a la vez condiciona, toda su práctica educativa.

Estas creencias se manifiestan en una de las actividades docentes más características: la de elaborar diseños educativos, unidades didácticas, guías de trabajo, secuencias de aprendizaje...; es decir la de programar. El programa es un intento de representar la realidad que se pretende. Un intento de dotar de sentido a la práctica.

© Ediciones Morata, S. L.

Pero el "programa" no es "la realidad". Las intenciones, los deseos, los puntos de vista y las creencias que destila, interactúan *a posteriori* con las intenciones, deseos y puntos de vista de los alumnos, todo ello en un contexto complejo, diverso, cambiante y *problemático*. De ahí la necesidad de una metodología y de unos instrumentos que permitan establecer relaciones significativas entre la teoría (el modelo de referencia), el programa y la práctica. La investigación y el tratamiento por parte de los profesores de los problemas prácticos ayuda a que expliciten sus creencias y teorías implícitas, y a que éstas evolucionen, diseñando y experimentando hipótesis de intervención que intenten resolverlos desde nuevas perspectivas, produciéndose el desarrollo progresivo de un *Conocimiento Práctico Profesional* más consciente y reflexivo (Figura 6):

Figura 6. *La investigación de problemas prácticos.*

Un recurso metodológico organizador de todo este proceso es el diario. Su utilización periódica permite reflejar el punto de vista del docente sobre los procesos más significativos de la dinámica en la que está inmerso. Es una guía para la reflexión sobre la práctica, favoreciendo la toma de conciencia del profesor sobre sus creencias y concepciones, sobre su proceso de evolución y su modelo de referencia. Favorece, también, el establecimiento de conexiones significativas entre el conocimiento práctico (en la acción) y el conocimiento disciplinar, lo que permite una toma de decisiones más fundamentada. A través del diario se pueden realizar focalizaciones sucesivas en las problemáticas que se aborden, sin perder las referencias al contexto. El diario de clase, en suma, es una herramienta profesional básica que permite describir, analizar, explicar y valorar la acción de manera consciente y explícita y, por tanto, tomar decisiones más fundamentadas. En otras profesiones y actividades humanas la descripción y reflexión escrita es un hábito profesional reconocido: El diario de campo en Geología, Botánica, Geografía, Antropología, etc.; El cuaderno de laboratorio en la investigación experimental; El cuaderno de notas de una investigación criminalista; El cuaderno de "bitácoras"; etc. Intentaremos argumentar, en lo que sigue, las ventajas de este instrumento y aportaremos ideas sobre cómo llevarlo a la práctica.

Pero, ¿por qué reflexionar por escrito?, ¿no valen los momentos en que pensamos sobre la escuela cuando estamos fuera de ella? El pensamiento no escrito es moldeable y difuso: hoy puedo pensar una cosa y mañana la contraria sin saber con claridad las razones de dicho cambio; en unos contextos puedo pensar de una manera y en otros de otra, sin ni siquiera tomar conciencia de las posibles contradicciones. Escribir, por el contrario, es un ejercicio que exige mayor precisión y nos obliga a concretar y aclarar nuestras ideas, pues tratamos de que lo escrito refleje fielmente lo que pensamos y sentimos. Al mismo tiempo, la escritura, al ser un hecho material y por tanto más objetivo, nos permite volver una

© Ediciones Morata, S. L.

y otra vez sobre el texto, ajustándolo al pensamiento. El texto, por tanto, influye en el pensamiento, pues lo activa y lo hace más productivo, provocando nuevas interacciones entre ideas, así como momentos de toma de conciencia de aspectos más ocultos de nuestra mente. Por decirlo así, *el pensamiento se vuelve más preciso al convertirse en texto y el texto activa nuevos procesos de pensamiento*.

Por otro lado, la escritura periódica tiene una dimensión biográfica de gran interés. La lectura de nuestros textos a lo largo del tiempo aporta informaciones que se escapan con frecuencia al control consciente. La *reiteración*, por ejemplo, es un indicador de que algo tiene importancia. La insistencia en comentar la conducta de determinados alumnos y alumnas, la descripción de pautas repetidas de actuación por nuestra parte, los comentarios frecuentes sobre determinados sentimientos y emociones, etc., nos dan información sobre nuestras preocupaciones profesionales, sobre nuestras debilidades humanas y sobre los principios didácticos ocultos que realmente más nos influyen (aunque contradigan aquello en lo que conscientemente creemos).

El diario, por tanto, nos sirve, en primera instancia, para reflexionar sobre el día a día del aula, distanciándonos de los hechos en los que estamos implicados y tomando decisiones basadas en argumentos, superando así la reproducción acrítica de los estereotipos escolares. Pero también nos sirve para reflexionar sobre nuestra experiencia durante periodos más largos de tiempo y para construir poco a poco un conocimiento práctico más profesionalizado y consciente, cuyo núcleo central debe ser nuestro *Modelo Didáctico Personal*; modelo, que ha de convertirse en el referente teórico y profesional para el análisis y la toma de decisiones.

Por último, el diario de clase facilita la comunicación profesional rigurosa. Es decir, más allá del desahogo profesional, a veces tan necesario, o de la comunicación trivial de hechos, cargada de valoraciones simples y convencionales, el diario permite centrar el intercambio profesional en textos escritos, elaborados en momentos de tranquilidad y de distanciamiento, en su lectura pausada y en el debate argumentativo. Compartir nuestros diarios en el seno de un *equipo profesional* para la colaboración, el apoyo mutuo y la mejora de nuestra práctica es una estrategia enormemente eficaz para superar los procesos paralizantes basados en la socialización del lamento, y sustituirlos por la reflexión y el estudio colectivo, el contraste entre iguales, el diseño compartido y la innovación controlada.

CAPÍTULO 2

EL DIARIO COMO INSTRUMENTO PARA DETECTAR PROBLEMAS Y HACER EXPLÍCITAS LAS CONCEPCIONES

CÓMO EMPEZAR EL DIARIO: DE LO GENERAL A LO PARTICULAR

Al empezar hay que preocuparse sólo de dos cuestiones. La primera *conseguir desarrollar el hábito de la escritura periódica*. Aunque estamos utilizando la palabra *diario* no es necesario que escribamos todos los días. Comprometerse con uno mismo a escribir una hora todas las semanas, y cumplirlo, puede ser más importante a medio plazo que tratar de escribir todos los días, viviéndolo como un esfuerzo imposible, y acabar abandonando. Por tanto, *ser realista y constante es el primer objetivo a cumplir*.

La segunda es *escribir libremente* sobre lo que más nos afecta o interesa, ya sea desde un punto de vista negativo o positivo. En esta etapa debe primar más la espontaneidad y la libertad que el rigor del análisis. También debemos ir construyendo nuestro propio estilo personal, que nos motive y nos haga sentirnos cómodos. Es una etapa, por tanto, centrada en el desarrollo de un hábito profesional que nos permita pensar conscientemente sobre cuestiones que nos preocupan o nos motivan.

Al comenzar el diario se suele tener una visión simplificada y poco diferenciada de la realidad. Las situaciones y acontecimientos de la clase se perciben como hechos aislados sin que la mayoría de las veces se establezcan relaciones entre sus diferentes elementos, resaltando lo que confirma nuestras creencias y obviando lo que las contradice. Así, por ejemplo, se suele pensar que las personas aprenden más o menos según sus capacidades innatas, sin tener en cuenta otros aspectos como el interés, la motivación, el nivel de accesibilidad de la información, el momento y la forma de su presentación, la organización del espacio, la distribución del tiempo, el tipo de tareas, etc.

Esta percepción simplificadora conduce a que el diario se centre inicialmente en aspectos superficiales y anecdóticos de la realidad, sin apreciar otros menos evidentes. Por ejemplo, se suele atribuir a los alumnos determinados patrones de comportamiento, pensando que la conducta que manifiestan es el resultado exclusivo de su personalidad, olvidando las interacciones con las variables del contexto, la influencia de la estrategia de enseñanza, las otras personas, etc.

El diario ha de facilitar, poco a poco, el desarrollo de un nivel más profundo de descripción de la dinámica del aula a través del relato pormenorizado de los acontecimientos y situaciones. El hecho mismo de reflejarlo por escrito favorece el desarrollo de capacidades de observación y categorización de la realidad, que permiten ir más allá de la percepción intuitiva. Así, se puede avanzar narrando, lo más fielmente posible, las tareas de enseñanza y los momentos de aprendizaje de los alumnos, la secuencia de lo que se ha hecho realmente:

> "Vamos al patio y recogemos de los árboles hasta diez hojas distintas, las etiquetamos con números del uno al diez, repartimos por grupos varias de cada grupo de hojas.

Vamos a observarlas utilizando todos nuestros sentidos. Recordamos nuestros sentidos. Yo sugiero dos criterios más: medidas y lupa. Elaboraremos un cuaderno de observación como el que sigue..." (Diario de J. Martín).

Sistematizando después los tipos de actividades realizadas y la secuencia seguida:

Actividad 1: Recogida y etiquetado de hojas de árboles del patio del colegio.
Actividad 2: Reparto y observación por grupos de las hojas usando los sentidos, midiéndolas, usando la lupa.
Actividad 3: Elaboración del cuaderno de observaciones.

Simultáneamente, se pueden describir los acontecimientos más significativos de la dinámica social:

"El ambiente de trabajo es bueno, se va consiguiendo cada vez un ritmo más homogéneo. El tono de voz se mantiene dentro de un nivel donde nos sentimos a gusto y los equipos se van configurando de manera diferente a como se empezó" (Diario de J. Martín).

Este último párrafo refleja, por ejemplo, la preocupación del autor por lo que él mismo denomina un *buen ambiente de* trabajo; lo que está relacionado, probablemente, con el deseo de conseguir un nivel adecuado de implicación de los alumnos y con mantener el control y la disciplina en la clase. Esto se refleja en la satisfacción que parece sentir por el *silencio* conseguido durante la tarea.

Estas descripciones iniciales pueden recoger otros acontecimientos de la vida del aula, como los siguientes:

"Surge la necesidad de nombrar un encargado de material, vista la experiencia negativa al respecto en el curso anterior. Sale un grupo de voluntarios ...

Decidimos que hay un cuaderno-inventario del material y un diario del uso de los mismos. Se encargarán de organizar la

biblioteca del aula Gloria y Eva. Se llevará un cuaderno de biblioteca" (Diario de J. MARTÍN).

Como se puede observar, el párrafo anterior describe aspectos relativos a la organización del material, así como el
establecimiento de pautas (nombramiento de responsables)
que regulen algunos aspectos de la convivencia escolar.

En todo caso, no debemos olvidar que el objetivo en esta
primera fase debe centrarse en ofrecer una panorámica general y significativa de lo que, desde nuestro punto de vista,
sucede en la clase, describiendo las actividades, relatando
procesos y categorizando, en lo posible, las distintas observaciones que se van recogiendo. Así, por ejemplo, una posible
clasificación podría ser (GRUPO INVESTIGACIÓN EN LA ESCUELA
1991):

a. *Observaciones referidas al profesor.* Tipos de propuestas didácticas: actividades y secuencias más frecuentes que plantea. Conductas normativas, sancionadoras
   y reguladoras. Otras conductas de carácter más afectivo.
b. *Observaciones referidas a los alumnos.* Implicación y
   grado de participación en las actividades. Ideas y concepciones que expresan. Comportamientos relacionados con otros alumnos y con el profesor.
c. *Observaciones referidas a la comunicación didáctica.*
   Características de la clase. Distribución del espacio y
   el tiempo. Interacciones más frecuentes relacionadas
   con las tareas. Otras interacciones no directamente
   relacionadas con las tareas que suceden en paralelo.

El análisis de estas observaciones puede orientarse a
identificar los diferentes elementos que intervienen, inten-
tando establecer relaciones entre ellos, haciéndonos preguntas problematizadoras, como, por ejemplo: ¿qué implicación
suelen manifestar los alumnos cuando se proponen unos u
otros tipos de actividades? Cuando el profesor mantiene un

determinado comportamiento, ¿cuál es la respuesta de los alumnos? Si el espacio de la clase está organizado de una forma determinada, ¿cómo influye en el desarrollo de las actividades?, etc. Todo ello permite focalizar progresivamente nuestras observaciones, llevándolas de lo general a lo particular, sin perder las referencias del contexto.

Para caminar hacia la etapa siguiente debemos introducir momentos de *análisis retrospectivo*. Algunos días, por ejemplo, podemos releer lo que venimos escribiendo y adoptar una mirada más distanciada sobre los textos. Se trata de vernos como si fuéramos otros, con una mirada más objetiva: desde fuera. Esta idea de volver sobre lo escrito nos puede ayudar a descubrir reiteraciones, contradicciones, obsesiones, principios y creencias implícitas, objetivos ocultos, etc. Se trata de leer entre líneas, de desvelar lo tácito. Un ejercicio interesante puede ser *analizar el contenido* de un párrafo con mucha carga de información explícita e implícita y convertirlo en un conjunto de frases, tratando de que cada una de ellas refleje sólo una idea de las que están presentes en el texto. Al leer las frases nos sorprenderá descubrir la cantidad de implicaciones que tiene lo que escribimos (esta técnica puede ser muy útil también para analizar algunas partes de los textos del alumnado; haciéndolo podremos observar, también en este caso, la cantidad de información que pasamos por alto). Por último, estos momentos de reflexión retrospectiva y sistemática deben concluir con una síntesis escrita que recoja los aspectos que más nos han llamado la atención de los textos leídos y, en su caso, algunas primeras decisiones realistas sobre cambios a introducir en la práctica; cambios a los que habrá que dedicarles especial atención en el futuro al escribir el diario.

PROBLEMAS Y CONCEPCIONES

Al mismo tiempo que mantenemos los momentos de escritura libre y espontánea, debemos incrementar aquellos otros de carácter más sistemático. La idea en esta nueva etapa es aprender a distinguir las diferentes fases de una reflexión y a saber aplicarlas. Aunque el objetivo es aprender a describir y analizar la dinámica general de la clase, puede resultar difícil separar dicha descripción de las interpretaciones y valoraciones espontáneas, precisamente por la carga de subjetividad que impregna toda la actividad escolar.

En el lenguaje cotidiano solemos mezclar la descripción, el análisis y la valoración de los fenómenos. Con frecuencia incluimos términos valorativos cuando describimos algo. Esta manera simplificada de reflexionar plantea problemas importantes cuando la aplicamos al campo profesional. Por ejemplo, si decimos *este trabajo está mal hecho* o *esa respuesta es una barbaridad* estamos descalificando sin argumentos o con el único argumento de la autoridad que representamos. Por el contrario, si describimos los aspectos del trabajo o de la respuesta que nos parecen inadecuados y explicamos las causas de esa valoración, estaremos estableciendo una comunicación basada en argumentos cuyo objetivo es tratar de convencer y no de imponer, y que permite al otro aceptar o refutar los argumentos y la valoración a la que han dado lugar.

Por tanto, al reducir la reflexión a una valoración (condicionada por nuestras creencias implícitas), eliminamos el análisis explícito e hipotético de las posibles causas y consecuencias del fenómeno, adoptando, por tanto, un pensamiento simplificador que nos lleva con frecuencia a valoraciones profesionales erróneas y a conductas inadecuadas. Por ejemplo la afirmación *que clase más buena*, atribuida a una situación en la que un docente explica y los alumnos y alumnas permanecen mirando hacia el frente y en silencio, puede encerrar un profundo equívoco, ya que las causas de la conducta de los estudintes pueden ser diversas: que han quedado atrapados por el discurso del profesor y mantienen una intensa atención, que han aprendido a aparentar que están atentos mientras que realmente, la mayoría, está pensando en sus cosas y callan por miedo al profesor o profesora, etc.

© Ediciones Morata, S. L.

Esta dificultad para diferenciar una descripción de su análisis y valoración se puede ir superando si se comienza a incorporar un cierto grado de diferenciación consciente entre lo que se describe espontáneamente y el análisis más sosegado, sistemático y racional que posteriormente, o paralelamente, podemos hacer de ello. De esta forma comenzarán a aflorar los problemas prácticos y los dilemas conceptuales que más nos preocupan y condicionan. A medida que se van diferenciando las descripciones, el análisis y las valoraciones, se van perfilando los núcleos problemáticos de la dinámica de la clase. Veamos a continuación algunos textos relacionados con problemas prácticos:

> "Me preocupa bastante cómo comenzar. Primero, para afianzar el método y dominarlo los alumnos deben seguir los pasos ordenadamente. Sistematizar y estructurar. Lo que más me preocupa es la sistematización, incido en ello a través de la propuesta de nuevos ejercicios de observación, ordenación y clasificación" (Diario de J. Martín).

> "Lo que más cuesta es mantener un volumen de ruido adecuado al trabajo, el revuelo y el tono de voz. No están acostumbrados a manipular y observar sistemáticamente" (Diario de J. Martín).

> "Después de una hora y media de trabajo, se plantea el problema de los que terminan antes (no saben que hacer)" (Diario de J. Martín).

> "Unos terrarios que había en clase, comienzan a arreglarlos. Es una actividad que propongo yo y se acepta gustosamente (manipulativa, entretenida; serrar, cortar, clavar, pintar, etc.). Hay una completa desorganización del espacio de la clase y del uso del material..." (Diario de J. Martín).

Como se puede observar, las situaciones descritas son percibidas como fuentes de conflictos y de problemas que hay que enfrentar y resolver. El diario facilita la posibilidad de reconocer esos problemas, facilitando su tratamiento a través de su análisis y seguimiento, asumiendo la realidad escolar como compleja y cambiante.

© Ediciones Morata, S. L.

Los problemas no tienen por qué ser preguntas explícitamente formuladas desde el inicio, aunque en último término pueden ser reductibles a alguna modalidad de pregunta. Se aclaran y delimitan en la medida que van siendo investigados. En este sentido se puede decir que el problema es un *proceso* que se va desarrollando, reformulando y diversificando.

Como hemos dicho en otra ocasión:

> " Los problemas existentes en la realidad educativa deben funcionar como punto de partida y como hilo conductor en el proceso... El tratamiento de problemas posibilita el cuestionamiento de las concepciones facilitando un proceso gradual y continuo de cambio de las mismas. Trabajar con problemas es un proceso intelectual complejo que ofrece multitud de posibilidades de aprendizaje y de encadenamiento de nuevas cuestiones, de forma que, en torno al eje que constituye el tratamiento del problema, se articulan nuevos problemas y nuevas temáticas que pueden guiar el proceso de aprendizaje del profesor. En términos sencillos podemos considerar como *problema* algo (un hecho, una situación, un planteamiento, etc.) que no puede resolverse automáticamente mediante los mecanismos que normalmente utilizamos, sino que exige la movilización de diversos y variados recursos intelectuales" (Porlán y García, 1990).

Veamos, al hilo de los párrafos de un diario, cómo podría ser el proceso de investigación y tratamiento de un problema práctico. La constatación de diversos hechos y acontecimientos en la clase pone en evidencia, en el caso que vamos a analizar, el surgimiento de una problemática asociada a la escasa participación de la mayoría de los alumnos en algunas de las actividades que se proponen.

En un primer momento se formula una descripción muy genérica y poco reflexiva:

> "Cuesta trabajo empezar las puestas en común. No parecen muy interesados. Sólo un grupo completo muestra verdadero interés, así como algunos niños de otros grupos. Otros pasan e

intentan incordiar. Empezamos, y al momento, ante este panorama, paro y digo que si no interesa hoy la hacemos otro día. Silencio. Decido seguir" (Diario de J. Martín).

Progresivamente va apareciendo una mayor focalización y un mayor nivel de análisis de la problemática, determinando sus posibles causas, orígenes y consecuencias:

> "Creo que se deberían dirigir mejor los debates porque los niños hay muchas veces que se pierden y no saben a qué están respondiendo o qué postura están defendiendo o atacando. Otro problema es que siempre participan los mismos, mientras que hay niños que no hablan jamás. Sé que esto es normal en una puesta en común en la que participa mucha gente, pero lo que sí es cierto es que el número de niños que participan es menor que el de los que no lo hacen. Con todo esto se consigue que el maestro tenga que estar continuamente haciendo preguntas que susciten el interés. Concretamente hoy observé que había demasiados niños con síntomas de estar aburriéndose" (Diario de J. Martín).

En el párrafo anterior, aparece ya un problema-foco perfectamente delimitado: *La falta de participación de una mayoría de niños en las puestas en común*. Al mismo tiempo se describe la solución que el maestro adopta *sobre la marcha*: hacer preguntas que susciten el interés. Sin embargo, no se plantea aun claramente que la falta de interés por la temática puede ser la causa de la poca participación, aunque se insinúa (se aburren). En el siguiente párrafo aparece ya claramente esta causa:

> "Hay que despertar mucho más el interés, cambiar las formas de las puestas en común para que no se hagan tan monótonas como puede ser una clase magistral. Creo que esto se podría solucionar utilizando técnicas de dinámica de grupo" (Diario de J. Martín).

A medida que se van centrando las observaciones en el problema, se va ampliando y extendiendo a otras actividades donde aparecen evidencias semejantes:

> "Reparto el guion de trabajo. Lo leo en voz alta y aclaro las dudas (referidas a las instrucciones de trabajo).
>
> Se pueden discutir y trabajar los guiones en los grupos, pero hay que anotar en los cuadernos, individualmente.
>
> No despiertan demasiado interés general. Se habla de fútbol, de profesiones, de otras cosas... Realmente pocos están centrados en el guion" (Diario de J. MARTÍN).

En este último párrafo comienzan a perfilarse las dos tramas de acontecimientos que habitualmente se superponen en la escuela. Por un lado, una *trama académica* que configura la estructura y la dinámica de las tareas escolares y que refleja los objetivos e intereses dominantes en la escuela a través de una serie de principios del tipo: necesidad de *dar* el programa, de trabajar un cierto número de contenidos, de guardar una cierta apariencia de control homogéneo, etc. Por otro, una *trama oculta*, de relaciones informales que refleja, como en este caso, un trasfondo de intereses espontáneos de los estudiantes.

Generalmente, en una clase suele haber un grupo de alumnos que aceptan adaptarse a las apariencias que la escuela impone, casi siempre a cambio de ciertos *reconocimientos* sociales que la misma ofrece: felicitaciones, buenas notas, etc. Pero también nos solemos encontrar con otros que no se adaptan y que ponen en evidencia las contradicciones del sistema en el que están inmersos.

> "Puesta en común de órganos internos y externos de la cabeza.
>
> Sosa, Palmero y Wili cuando se plantean interrogantes y se trata de dar explicaciones, no están con la clase. A Sosa y Palmero les digo que se den un paseo. Se van, pues me están poniendo nervioso. Vuelven y empiezan a trabajar como los demás. En todo lo que no sea trabajo mecánico, son incapaces de centrarse" (Diario de J. MARTÍN).

Una tendencia que suele manifestarse en situaciones como la anterior es la de proyectar en los propios alumnos la responsabilidad exclusiva de la problemática: *no poseen las capacidades suficientes; suelen distraerse; no muestran interés por nada,* etc. Sin embargo, un análisis más detallado de estas manifestaciones nos lleva a plantear que, a veces, la dificultad para solucionar determinados problemas del aula estriba en el hecho de que los profesores tenemos por cierto lo que no son más que creencias y suposiciones que no nos cuestionamos. Veamos la interesante reflexión que se plantea a continuación:

> "A partir del problema de la distracción llegué al no menos problema de la curiosidad. Curiosidad entendida, no sólo como interés más o menos grande por los trabajos de clase o por el tema de ese momento, sino como capacidad de asombrarse, de ver, de descubrir problemas, de plantearse preguntas.
>
> Mi cuestión es: ¿por qué hay niños que se asombran, que se fijan en las cosas y son capaces de ver problemas y otros no?, ¿por qué ante una misma situación hay niños que plantean dudas y otros no?, ¿es cuestión de inteligencia, de un mayor grado de desarrollo?, ¿es fruto de un ambiente más rico en estímulos?" (Diario de J. Martín).

Todos estos dilemas son fruto del conflicto que vive el autor del diario entre el hecho de creer que lo deseable es que los alumnos tengan un nivel similar de interés, participación y conocimientos, lo que facilitaría que se pudiera llevar a la práctica una estrategia de trabajo única y una labor rápida y eficaz, y la evidencia que nos muestra la diversidad de la propia realidad.

Probablemente, siempre que juntemos al azar un número de 25 ó 30 personas de la misma edad, sean de la edad que sean, encontraremos una diversidad importante de niveles de desarrollo, niveles de conocimientos, tipos de personalidad, diversidad de expectativas, de intereses, etc. Y, precisamente por eso, una de las características más significativas de la enseñanza es la de tener que realizarse en un ambiente *com-*

plejo y *diverso;* y que, por tanto, una de las condiciones que debe reunir cualquier estrategia didáctica, si quiere ser eficaz, es la de poder adaptarse a dicha diversidad y complejidad.

Llegados aquí detectamos, en el caso concreto que estamos analizando, dos problemas claramente interrelacionados:

a. La dificultad de asumir la diversidad de intereses y comportamientos en el aula y la de construir un conocimiento compartido que respete dicha diversidad. Este problema guarda relación con lo anteriormente mencionado sobre la trama académica y la trama oculta de la dinámica del aula. De la misma manera, tiene mucho que ver con las dificultades de control y de mantenimiento del orden y la disciplina.

b. Y en relación con lo anterior, un problema más relacionado con *el saber hacer* profesional: ¿qué tipo de actividades nos permiten avanzar en la dirección anteriormente planteada?

A MODO DE SÍNTESIS

A lo largo de este capítulo hemos ido planteando el uso del diario como un instrumento útil para saber diferenciar la descripción, el análisis y la valoración de la realidad escolar. La orientación que, en este sentido, le hemos dado pretende iniciar un proceso de reflexión-investigación sobre la práctica.

Las primeras descripciones, de un mayor nivel de generalidad, deben avanzar hacia una visión más analítica a medida que se van categorizando y clasificando los distintos acontecimientos recogidos en el diario. Posteriormente, al mismo tiempo que se detectan los problemas prácticos particulares, éstos se van aclarando y delimitando en la medida que van siendo trabajados. En este sentido, insistimos en la idea de que todo problema es *un proceso continuo* que se va desarrollando, reformulando y diversificando en sucesivas aproximaciones que van desde lo general a lo particular, desde la descripción al análisis, desde la explicación a la valoración, y al contrario (Figura 7). Esto puede y debe permitir al profesor la toma de conciencia y el cuestionamiento de sus concepciones implícitas, pues, como ya hemos indicado en otro lugar (Grupo Investigación en la Escuela, 1991), constituyen los esquemas mentales que hay que movilizar en un proceso de desarrollo profesional, y son el punto de partida sobre el que se deben realizar las nuevas construcciones de un saber profesional práctico, consciente y profesionalizado.

En ese sentido, para avanzar hacia una reflexión sistemática durante esta etapa y superar una *visión epidérmica y fragmentada de la realidad*, debemos realizar en nuestro diario tareas del siguiente tipo:

a. *Hacer descripciones muy detalladas de acontecimientos significativos*, tratando de resaltar las interacciones menos evidentes y de no incluir juicios de valor, como forma de desarrollar una mirada menos superficial y menos contaminada por los estereotipos escolares.

b. *Analizar posibles causas y consecuencias diferentes para un mismo fenómeno*, de manera que relativicemos nuestras primeras impresiones y desarrollemos nuestro pensamiento hipotético. Esto nos permitirá evitar los lugares comunes a la hora de explicar los fenómenos escolares y conseguir más profundidad de análisis.

c. *Hacer valoraciones argumentadas sólo después de describir y analizar*, basándonos en las hipótesis que nos parezcan más probables.

d. *Diseñar líneas de acción para abordar los problemas detectados* y para consolidar y extender aquellas situaciones didácticas que nos parezcan más positivas. Hacer un seguimiento de las mismas en el propio diario.

© Ediciones Morata, S. L.

En el siguiente cuadro sistematizamos el camino seguido hasta ahora:

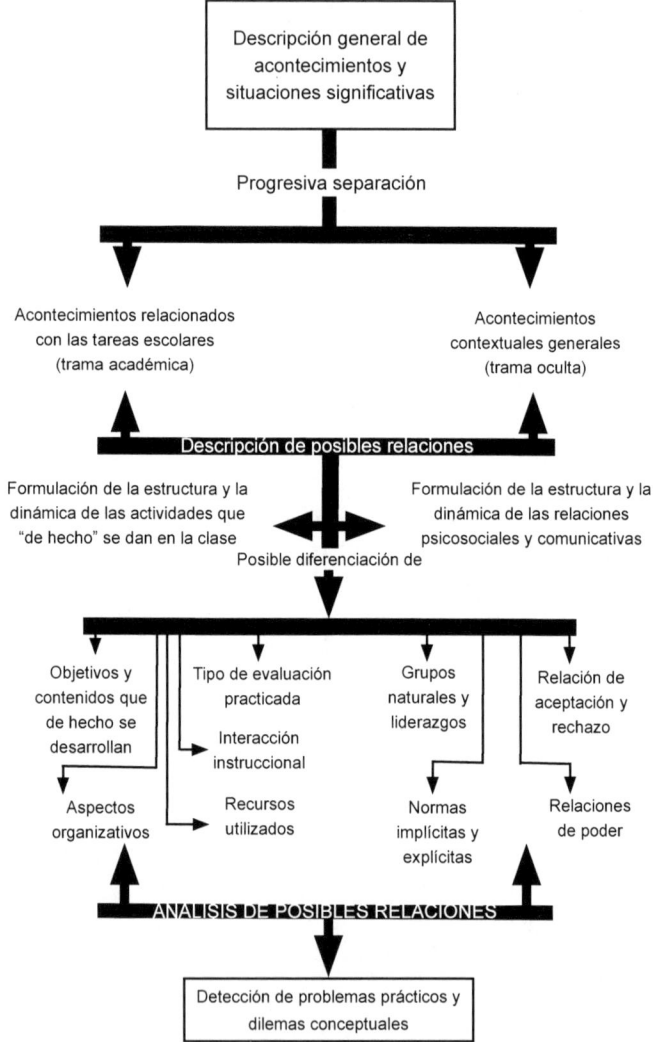

Figura 7. *Los comienzos del diario: de lo general a lo concreto; de la descripción al análisis.*

CAPÍTULO 3

EL DIARIO COMO INSTRUMENTO PARA CAMBIAR LAS CONCEPCIONES

La descripción y el análisis de la dinámica de la clase, de la que hablábamos en el capítulo anterior, responde a la manera de conceptualizar la realidad que tiene cada profesor, a sus propias ideas y puntos de vista. Las concepciones no sólo determinan nuestra manera de ver la realidad del aula, sino que guían y orientan nuestra actuación en ella. El contenido de estas concepciones hace referencia a los aspectos claves de cualquier contexto educativo (PORLÁN, 1989). Veámoslo a continuación:

a. *Concepciones relativas al alumnado:* cómo aprenden; cómo se facilita dicho aprendizaje; la influencia de las cualidades innatas; las causas de las conductas *no adaptativas* (niños difíciles); las posibilidades de cambio y desarrollo; los derechos y deberes de los alumnos; etc.

b. *Concepciones relativas al papel del docente: su* autoridad; su relación con el currículum; la profesionalidad;

los estilos y métodos de enseñanza; los fines y metas pedagógicas; etc.

c. *Concepciones relativas* a *la materia:* carácter absoluto o relativo del conocimiento; importancia del conocimiento espontáneo de los alumnos; naturaleza del conocimiento escolar y su relación con el conocimiento científico y el cotidiano; técnicas de enseñanza específicas; materiales; recursos; etc.

d. *Concepciones relativas al ambiente:* relaciones psicosociales dentro y fuera del aula; democracia escolar; toma de decisiones; relaciones de poder; equipos naturales; líderes; ambiente físico; organización de los materiales; organización del espacio y del tiempo; etc.

Aunque puede existir una gran diversidad de concepciones, ya vimos en el capítulo inicial que se pueden agrupar en patrones comunes o Modelos Didácticos. Por ejemplo, la manera de concebir el aprendizaje de los alumnos se corresponde generalmente con una determinada visión de su papel en el aula y del tipo de interacción entre estudiantes y docente que se debe dar en la clase.

Otra característica de las concepciones docentes es su resistencia al cambio. Muchas de ellas se han ido elaborando a lo largo de nuestro proceso de socialización como estudiantes en el sistema educativo, a través de la interiorización inconsciente de regularidades y pautas. Sin embargo, si las sometemos a procesos de contraste con la propia realidad y con otros puntos de vista (el de nuestros compañeros, los alumnos, otras personas ajenas a la escuela, nuevas visiones educativas, etc.), suelen aparecer contradicciones y evidencias que nos pueden llevar a su modificación, ampliación o sustitución por otras que ofrezcan una mayor potencialidad explicativa acerca de los problemas prácticos y los dilemas docentes.

Estos procesos de contraste requieren de un cierto nivel de planificación y sistematización si pretendemos iniciar una dinámica sostenida de evolución de nuestras ideas. Muchas de las iniciativas desarrolladas en este sentido (cursos de formación, seminarios de profesores, proyectos de innovación, grupos de renovación pedagógica, etc.) se diluyen por carecer de la orientación y el apoyo adecuados. Este proceso continuo de contraste ha de situarse en la perspectiva de *un proceso de investigación y experimentación de alternativas curriculares diferentes,* que requiere de al menos dos condiciones: que se dé en el seno de un equipo de profesionales y que esté orientado por un facilitador, asesor o investigador.

Así lo hemos manifestado en otras ocasiones (Grupo Investigación en la Escuela, 1991):

> *...entendemos que nuestra actividad profesional abarca dos tipos de tareas interrelacionadas: facilitar el aprendizaje de los alumnos e investigar la evolución del mismo en el contexto del aula; de la misma manera, pensamos que nuestro aprendizaje profesional, al igual que el de los alumnos, ha de ser facilitado e investigado por personas que, implicándose de forma indirecta en las experiencias prácticas, actúen a modo de profesores de profesores.*

El cambio de las concepciones ha de dotarse de *una metodología de desarrollo profesional que garantice la coherencia y continuidad del proceso.* El diario del profesor, en este sentido, se puede constituir en el instrumento metodológico organizador del mismo.

EL DIARIO TRABAJADO EN EQUIPO: CONTRASTANDO EL PUNTO DE VISTA CON LOS COMPAÑEROS

Las reuniones de los equipos de profesores en los centros se suelen dedicar con frecuencia a temas organizativos, burocráticos y generales, ajenos, la mayoría de las veces, a los problemas vinculados a las actividades de clase. Muy pocas veces el sentido de las mismas está basado en el intercambio de puntos de vistas, experiencias y preocupaciones profesionales concretas.

© Ediciones Morata, S. L.

Al mismo tiempo, en dichas reuniones, se manifiesta una tendencia a situar las causas que impiden un adecuado tratamiento de los problemas educativos en *obstáculos externos* asociados al contexto, las familias, la actuación de la administración, la sociedad, etc.

Sin embargo, la propuesta de estructurar el contenido de las reuniones en torno a la lectura y discusión de los diarios de clase puede facilitar el descubrimiento de *obstáculos internos,* favoreciendo la implantación progresiva de una estrategia de reflexión conjunta sobre y para la acción. Comenzar con la lectura y el análisis de los acontecimientos reflejados en el diario genera una dinámica de intercambios de puntos de vista que eleva el nivel de la comunicación, habitualmente fragmentaria, intuitiva y basada en estereotipos pedagógicos.

Solemos tener la sensación de que los problemas que se nos plantean son exclusivos de nuestras clases. Cuando ampliamos el horizonte y los compartimos de forma crítica y rigurosa en un equipo de trabajo, la comprensión de los acontecimientos pasa generalmente a un nivel superior, y los problemas progresivamente van dejando de ser *mis problemas* para convertirse en problemas profesionales compartidos y, por tanto, más objetivables que en su primera formulación.

Para facilitar este proceso, el intercambio de puntos de vista entre profesores debe abarcar aspectos como los siguientes:

a. Las ideas que tienen de su autonomía profesional, las concepciones acerca de sus tareas y responsabilidades.

b. Las opiniones que tienen de sus clases, de los alumnos, de los otros profesores, del centro y de otros aspectos del sistéma educativo y social.

c. Los esquemas de conocimiento que poseen. Sus creencias epistemológicas, científicas, pedagógicas, psicológicas, etc. Los principios prácticos y las rutinas que vertebran sus formas de actuar. Los modelos que subyacen en sus estilos de enseñanza.

d. Los obstáculos cognitivos, afectivos y metodológicos que bloquean sus procesos de evolución profesional.

e. Los problemas, intereses y necesidades que manifiestan.

f. Las conductas más significativas que tienen en la clase.

No olvidemos que la enseñanza es una actividad práctica y que no debemos perdernos en la simple especulación teórico-filosófica. El intercambio, el contraste y el análisis de los aspectos mencionados facilita la ampliación de los puntos de vista iniciales y favorece, por tanto, la evolución de las concepciones. Estas nuevas ideas deben traducirse en el diseño de una nueva intervención; es decir, los cambios en las ideas *(el saber)* han de tener un reflejo en los cambios en el programa *(en el saber hacer)*.

Un esquema metodológico que puede orientar el trabajo en el equipo de profesores es el siguiente:

A	B	C
Descripciones Análisis Valoraciones recogidas en el diario	Lectura, discusión y análisis de todo lo anterior Intercambio de puntos de vista, experiencias, etc. Detección de problemas	Elaboración de conclusiones para el diseño de nuevos programas de intervención.

El diseño de la nueva intervención no debe centrarse sólo en el tratamiento de problemas parciales, ya que éstos están inmersos en un contexto que generalmente determina el origen y las causas de los mismos.

Por ejemplo, el problema de la falta de disciplina puede tener su origen en un enfoque metodológico que no propicia la implicación activa de los alumnos en la dinámica de la clase. Por tanto, es deseable que integremos los problemas concretos en el diseño de una nueva práctica a través de la elaboración y experimentación de centros de interés o unidades didácticas innovadoras. En el mismo sentido, los problemas metodológicos suelen guardar una estrecha relación con la manera como concebimos y formulamos los contenidos y con el enfoque que le damos a la evaluación. Por tanto, en el diseño de una nueva intervención se debe tener en cuenta, por un lado, los problemas concretos, parciales y significativos de los miembros del equipo; y, al mismo tiempo, criterios y procedimientos que den también respuesta a los problemas profesionales básicos del qué enseñar; cómo enseñar; y qué y cómo evaluar, pues, como hemos dicho, lo que vivimos como un problema particular suele ser la consecuencia de concepciones docentes más globales que abarcan el conjunto del modelo didáctico que llevamos a la práctica en nuestras clases.

Por último, es imprescindible que haya *complicidad entre los miembros del equipo* y que se compartan algunos intereses básicos: el deseo de mejorar, la sensación de que hay aspectos de la práctica que no provocan los resultados esperados, unos ciertos principios educativos (la necesidad de participación activa de los estudiantes, trabajar con contenidos esenciales para la vida, promover una evaluación más formativa que punitiva, etc.). La lectura compartida del diario, el análisis de las descripciones personales, el contraste de puntos de vista y de argumentos, la toma de decisiones colectivas, el sentido de pertenencia, el estudio en común de textos clarificadores, la posibilidad de compartir experiencias con otros colectivos similares, la constitución de redes de intercambio, etc. son elementos que nos pueden ayudar a superar las inseguridades que todo proceso de cambio genera y a construir determinados *Principios Didácticos* colectivos más fundamentados en relación con los contenidos (por ejemplo, la idea de no reducirlos sólo a conceptos, o de vincularlos a problemas interesantes y funcionales para la vida...), con la metodología (por ejemplo, la idea de realizar actividades para que nuestro alumnado exprese sus puntos de vista, o de adoptar una estrategia basada en la investigación, o de usar diversas fuentes de información y no sólo el libro de texto, etc.) y con la evaluación (por ejemplo, aportar retroalimentación formativa a los trabajos de los estudiantes, hacer un seguimiento de sus ideas e hipótesis y de las dificultades de aprendizaje, etc.).

EL DIARIO DEL PROFESOR Y EL PENSAMIENTO DE LOS ALUMNOS: CONTRASTANDO CON LA OTRA PARTE

Una buena parte de las concepciones que poseemos se relacionan con nuestra visión acerca del papel de los alumnos en la escuela: su nivel de conocimientos, sus formas de ser y pensar, sus intereses y motivaciones, el papel que juegan en la clase, etc. Estas concepciones suelen basarse en un tipo de relaciones fuertemente jerarquizadas y que atribuyen a los alumnos un papel de agentes pasivos en el proceso de aprendizaje. Este hecho suele ser fuente de diferentes conflictos con determinados alumnos, al no coincidir nuestras expectativas con la visión que ellos tienen de la dinámica de la clase.

Habitualmente los consideramos como objeto de enseñanza más que como sujetos de aprendizaje; es decir, nos suele preocupar más cumplir con los contenidos predeterminados por un libro de texto que analizar y comprender sus puntos de partida en relación con los contenidos. Los consideramos, aún sin darnos cuenta, como *seres homogéneos* que tienen que recibir la misma información establecida de manera universal, independientemente de su momento vital, cognitivo y emocional. Actuamos como si sus variables internas no condicionaran ni influyeran en el aprendizaje. Y, sin embargo, muchos fracasan, y no sólo porque no superen los controles académicos, sino porque, aun superándolos, olvidan con una facilidad pasmosa lo supuestamente aprendido para las pruebas.

Pues bien, el diario nos puede ayudar a darle mayor profundidad a esta visión. En primer lugar, tratando de conocer el mundo interior de nuestros alumnos y alumnas. Escuchándolos de forma atenta. Dándoles la oportunidad de opinar sobre las cuestiones que tratamos en clase, incluso sobre el desarrollo de la propia clase. Tomando nota de sus frases. Dedicando algún tiempo a reflexionar y escribir sobre lo que ellos piensan, sobre su visión del mundo: nos sorprenderá. Superemos poco a poco la idea de que son simples asimiladores pasivos de contenidos externos y mirémoslos como *portadores de experiencias, intereses y significados propios*, porque, inevitablemente, desde ahí se relacionan con lo que les pretendemos enseñar.

La perspectiva de adecuar, adaptar y negociar con los alumnos, tanto su papel en la escuela, como el contenido y la orientación de los procesos de enseñanza aprendizaje (tipo y secuencia de actividades, criterios y pautas de organización, horarios, etc.), requiere reflexionar sobre aspectos tales como:

a. La visión que tienen de la escuela, del profesor y de la clase.
b. La percepción que tienen de su papel en el aula y de su relación con el resto de los compañeros/as.
c. Los esquemas de conocimientos que poseen sobre los tópicos curriculares que se están trabajando.
d. Los obstáculos cognitivos, afectivos y metodológicos que presentan en sus procesos de aprendizaje y desarrollo.
e. Los intereses, necesidades y problemáticas que manifiestan.
f. Las conductas más significativas que presentan.

Este proceso de reflexión puede hacerse analizando de manera específica en el diario incidencias y acontecimientos que nos den información sobre algunos de los aspectos mencionados.

En la selección de los objetos de estudio, por ejemplo, debemos tener en cuenta las necesidades e intereses más próximos de los alumnos. El diagnóstico de los mismos puede realizarse con la observación directa de sus opiniones más espontáneas y con determinadas actividades diseñadas específicamente para ello: cuestionarios, entrevistas cortas, etc. También a través de actividades que favorezcan la ampliación de su campo de intereses, como salidas, itinerarios, observación de vídeos, diapositivas, etc.

Es importante en este tipo de actividades observar atentamente, y registrar en el diario, aquellas conductas, comentarios, preguntas, etc. de los estudiantes, incluso suscitadas por nosotros mismos, que puedan desvelar intereses, curiosidades y expectativas, pues nos van desvelando los esquemas de conocimiento que poseen acerca de los tópicos con los que están trabajando.

Por tanto, a través del diario podemos adquirir el hábito de reflexionar sobre cuáles son las ideas e intereses de nuestros estudiantes y cómo cambian a largo de la dinámica de trabajo, y sobre qué *dificultades de aprendizaje* aparecen, a qué pueden deberse y cómo abordarlas de una manera creativa y profesional. El diario nos ayudará a ir adaptando la programación a su evolución, modificando contenidos y actividades cuando sea necesario, favoreciendo así una evaluación que sirva realmente para reconducir el proceso de enseñanza y ajustarlo a la marcha del aprendizaje.

Este diagnóstico sistemático del pensamiento espontáneo de los alumnos puede evidenciar también los diferentes niveles que presentan ante una misma temática, lo que contrasta con el hecho de enseñar como si los alumnos tuviesen niveles homogéneos de conocimientos.

Conocer en profundidad las ideas y obstáculos de los alumnos facilita la adopción de nuevos enfoques de los contenidos (el qué enseñar), ajustando mejor los criterios de selección y organización de los mismos. Solemos funcionar como si la materia fuera algo preestablecido, uniforme e independiente de las características de los sujetos a los que va destinada. Un foco de atención de nuestro diario, por tanto, debe ser el análisis de los contenidos de enseñanza. En primer lugar, es muy importante cuestionarse las finalidades de lo que enseñamos: *¿para qué enseñamos lo que enseñamos?*, *¿es lo que deberíamos enseñar?*, *¿responde a las necesidades actuales y futuras de nuestro alumnado?*, *¿debemos conectar los contenidos con necesidades y problemas reales?* En segundo lugar, debemos reflexionar también sobre el sentido educativo de los contenidos que enseñamos: *¿cómo contribuyen a su formación integral?*, *¿en qué medida fomentan el desarrollo de sus capacidades y competencias generales?*, *¿cómo contribuyen a hacerlos más autónomos, responsables, libres y capaces de desenvolverse en la vida con criterio?*

Una buena manera de hacer esta reflexión es elaborar *mapas* que relacionen los contenidos con problemas naturales, sociales y culturales relevantes, analizando y describiendo las conexiones que existen entre la realidad y los conceptos, procedimientos y actitudes que se trabajan en clase. También tiene mucho interés buscar conexiones entre las necesidades, intereses y problemas propios de su edad y los contenidos que pretendemos abordar. Así, tomaremos conciencia de que muchos asuntos pueden abordarse mejor si adoptamos otro punto de vista, es decir, si empezamos a considerar *los contenidos como medios para comprender e intervenir en el mundo más que como fines en sí mismos.*

Al mismo tiempo, al desarrollar una mirada más profesional sobre los alumnos y alumnas, comprenderemos que, con frecuencia, los contenidos que enseñamos no están adaptados a sus niveles de partida: ¿tiene esto sentido? El diario, en este caso, puede ser el lugar donde analizar los diferentes *niveles de profundidad* en los que se puede formular un contenido, para ir comprendiendo que muchas veces el dilema no es tanto si un contenido debe enseñarse o no sino a qué nivel lo debemos trabajar y en conexión con qué asuntos de la realidad lo debemos relacionar. La elaboración de mapas, tramas, o esquemas de referencia que permitan hacer visibles las relaciones entre los contenidos a diferentes niveles de complejidad, constituye un instrumento muy útil para adecuar el conocimiento escolar deseable (nuestros objetivos y contenidos) al conocimiento real de los alumnos.

Esta forma de ajustar o adaptar los contenidos de enseñanza a los esquemas de conocimiento de partida de los estudiantes favorece una selección flexible de problemas y actividades para investigar en clase (el cómo enseñar), pues se pueden establecer distintos recorridos o itinerarios de acuerdo con los diferentes niveles, intereses, necesidades y expectativas detectadas. Sin embargo, no solemos ser muy conscientes de la metodología que utilizamos ni de las razones que la sustentan. Actuamos siguiendo pautas interiorizadas que aprendimos antaño y que no solemos poner en cuestión. De ahí la importancia de la reflexión escrita. Ser profesional significa, entre otras cuestiones, tomar decisiones basadas en argumentos y no en el peso de la tradición. Es importante, como ya hemos indicado, que describamos nuestras rutinas de acción durante el proceso de enseñanza y que analicemos sus razones y las consecuencias que tienen en el aprendizaje de nuestro alumnado. Se trata de pasar a un plano consciente lo que ocurre de forma tácita. Nuestra propia experiencia vital como estudiantes nos ayudará a recordar evidencias como las siguientes: que con frecuencia olvidábamos rápidamente lo que estudiábamos, que muchas veces sentíamos un profundo aburrimiento durante las clases, que llegábamos a rechazar determinadas materias, etc.

Llegados a este punto estaremos preparados para decidir posibles cambios en nuestra metodología de enseñanza; cambios que deben ser realistas y graduales. Es posible que la idea de iniciar cambios nos desestabilice y que nos surjan argumentos que nos frenen. Según las circunstancias y el nivel educativo puede que nos sintamos amenazados por la posible reacción de los padres, de los compañeros (y compañeras), o por ideas preconcebidas con fuerte peso en el ambiente escolar, como la obligatoriedad de acabar el temario del libro de texto. Por eso es importante *medir bien el alcance de los cambios y nuestra capacidad de asumirlos*, pues, al romper con ciertas pautas convencionales, es posible que tengamos que asumir riesgos que nos provoquen inseguridad e incomodidad. Sin embargo, como contrapartida, si somos sensibles al mundo de nuestros alumnos (y alumnas), si vamos convirtiendo los contenidos en medios para abordar problemas interesantes y si introducimos una metodología más participativa, dinámica y cogestionada observaremos su mayor implicación y compromiso, y el incremento de su interés por aprender. Esto aumentará nuestro sentimiento de profesionalidad y nuestra satisfacción personal, compensando con creces los riesgos que todo proceso de innovación y de cambio conllevan.

Este proceso de reflexión e innovación nos llevará necesariamente a cuestionarnos también nuestra concepción de la evaluación. Habitualmente *identificamos evaluación con calificación* y con controles y exámenes para medir los aprendizajes. Sin embargo, en muchos otros contextos la evaluación es entendida como *la manera de conocer la calidad de un determinado proceso para introducir mejoras en el mismo.* Describir por escrito nuestra forma de evaluar/calificar, los resultados que obtenemos, las dudas que nos genera, las intuiciones que tenemos en relación con la validez del sistema, etc., nos ayudará a tomar conciencia de los puntos débiles y de las contradicciones de nuestra práctica.

Reflexionar sobre la evaluación implica reflexionar sobre las causas del fracaso escolar, el evidente (los estudiantes que no superan las pruebas) y el oculto (los que las superan, pero con un aprendizaje repetitivo, a corto plazo y de baja calidad, que no cala en la mente ni es sustantivo para ellos). Una visión de los sujetos como portadores de significados, una metodología de enseñanza que prime el razonamiento y la comprensión sobre la acumulación cuantitativa de información y *una evaluación más centrada en el proceso que en el producto final* puede desencadenar cambios importantes en su forma de aprender.

En este sentido, utilizar el diario para analizar y evaluar las producciones de los alumnos y alumnas (cuadernos de clase, trabajos, murales, informes de experiencias en formatos audiovisuales, etc.) nos aportará información de cómo evolucionan y de los obstáculos de aprendizaje que van encontrando o/y superando, para poder, así, tomar decisiones sobre el curso de los acontecimientos inmediatos, reforzando o modificando las tareas y actividades previstas. Este análisis debe ir alejándose progresivamente de dicotomías del tipo sabe/no sabe o correcto/incorrecto, ya que puede que habiliten para suspender o aprobar, pero no para ayudarlos a mejorar su aprendizaje. Por el contrario, conviene que desarrollemos progresivamente una metodología de análisis más profunda y rigurosa que nos permita agrupar las ideas y respuestas del alumnado en categorías y modelos más descriptivos y menos valorativos. Si, por ejemplo, al preguntarles sobre el recorrido de los alimentos en el cuerpo nos hacen dibujos en los que, en unos casos, aparece un tubo continuo desde la boca hasta el ano, en otros, un tubo acabado en una bolsa cerrada que no conecta con los lugares de salida y, en otros, dos tubos separados y continuos que van desde la boca hasta las dos salidas, uno para los sólidos y otro para los líquidos, podemos considerar estas respuestas como incorrectas con respecto al resultado deseado, y simplemente suspenderlos, o pensar que cada una de ellas representa una forma diferente de concebir el aparato digestivo e indica también diferentes dificultades para mejorar el aprendizaje (en el caso del *tubo y la bolsa cerrada* no se relaciona aún la entrada y la salida de sustancias del cuerpo; en el caso del *tubo continuo único* sí se da esta relación, pero sólo con una de las salidas; y en el caso de los *dos tubos continuos* se reconoce la relación entre la entrada y la salida de sustancias en el organismo, incluso la existencia de dos salidas, pero se considera la digestión como un mero tránsito de sustancias a través de los tubos, al no incluir el estómago).

Un análisis como éste pretende describir, comprender y valorar profesionalmente las opiniones de los alumnos, no para sancionarlos, sino para tomar decisiones creativas y rigurosas sobre qué decir, cómo intervenir y qué actividad proponer para ayudarles a elevar sus aprendizajes. De esta forma, el diario nos permite desarrollar una *evaluación for-*

mativa que busque influir en la calidad del proceso y no sólo en su medición final.

Pero los alumnos y las alumnas no sólo son sujetos que aprenden, sino personas que se relacionan entre sí y con nosotros en un contexto determinado. La dinámica de esa relación psicosocial es la matriz en la que ocurren los procesos de enseñanza y aprendizaje, condicionándolos en un sentido u otro. Por eso, también debemos describir y analizar las interacciones personales que se dan en el aula: quién se relaciona con quién, qué grupos se dan en la clase, cómo se relacionan conmigo, qué conflictos suelen aparecer, cuáles son sus posibles causas y cómo los suelo abordar, qué papel debe tener el alumnado en su resolución, qué emociones predominan y cómo se manifiestan, etc. Esta reflexión más pausada nos puede ayudar a pensar en iniciativas menos estereotipadas y más constructivas para favorecer el clima del aula. Especial interés merece el análisis de *las relaciones de poder*; cuáles son los derechos y deberes de todos los miembros del aula; sobre qué puede decidir el alumnado y a través de qué procedimientos; cuál es el grado de cogestión y corresponsabilidad que quiero para mis clases; qué grado de libertad de expresión existe y para qué asuntos; etc.

En definitiva, poco a poco nuestras concepciones profesionales se irán ampliando, especialmente si acompaño mis reflexiones con algunas lecturas sencillas y apropiadas. De ver a los estudiantes como seres a los que tengo que enseñar a toda costa lo que creo que está establecido, iré construyendo la idea de que son personas con identidades, que piensan y dicen cosas con sentido (aunque su sentido sea distinto del nuestro), que tienen dificultades para comprender ciertas informaciones y que dichas dificultades a veces son reiterativas y compartidas y que tienen emociones e intereses que les potencian o constriñen sus capacidades para aprender. Construiremos también, posiblemente, la idea de que su desarrollo no es homogéneo ni armónico y que unos tienen unas habilidades de las que otros carecen, pero que esos mismos tienen carencias que otros han superado. En fin, dejaremos de tratarlos como idénticos y veremos nuestra aula como lo que es: un *microcosmos social* donde interactúan personalidades diferentes, ideas diversas e intereses múltiples. Todo esto nos servirá para ir construyendo algunos *principios didácticos básicos* sobre cómo promover un aprendizaje de calidad, de manera que sean nuestras referencias para la toma de decisiones.

EL DIARIO DEL PROFESOR Y EL FACILITADOR: CONTRASTANDO CON UN TERCERO

Decíamos al comenzar este capítulo que las concepciones de los profesores suelen responder más a creencias que a teorías conscientemente elaboradas con un cierto nivel de complejidad y fundamentación. En este sentido se puede establecer un paralelismo entre las características de las concepciones de los alumnos, y sus procesos de evolución, y las concepciones profesionales de los profesores (concepciones psicopedagógicas, científicas, etc.) y sus procesos de cambio y desarrollo.

Desde nuestro punto de vista, el asesor/facilitador (el especialista en formación de profesores) debe asumir un papel en cierto sentido similar al que desempeña el profesor respecto a los alumnos, ayudando a explicitar y diagnosticar los problemas prácticos y las creencias de los profesores, y apoyando metodológicamente un proceso sistemático de investigación de dichos problemas, en la perspectiva de favorecer un cambio de la teoría y la práctica profesional.

Sin embargo, este paralelismo tiene ciertas limitaciones. Por ejemplo, habitualmente el asesor o formador no puede estar presente en el desarrollo de todas las actividades de clase. Llevar un diario, por tanto, permite garantizar la recogida de información, la obtención de datos sobre aspectos considerados relevantes y la aportación de una visión dinámica del desarrollo de los acontecimientos, que con posterioridad se puede analizar conjuntamente entre el docente, el equipo y el asesor/facilitador y contrastar con informaciones procedentes de otras fuentes (observaciones de un compañero o del facilitador, entrevistas a los alumnos, grabaciones de las clases, etc.) que ofrezcan una perspectiva diferente de los mismos acontecimientos.

Este proceso se puede estructurar metodológicamente en torno a cuatro grandes momentos que, de forma cíclica, nos ayuden a mejorar nuestra práctica de aula. Es lo que podemos denominar como Ciclos de Mejora en el Aula (CIMA):

a. *La descripción y el análisis de la dinámica general de la clase* para determinar su situación de partida; movilizando un conjunto de informaciones (tipos de contenidos que se trabajan, con qué metodología y actividades, cómo se evalúa y cómo se califica, que interacción mantenemos con los estudiantes, etc.) que ofrezcan evidencias y ejemplos de los dilemas y problemas más significativos, así como de las creencias y obstáculos docentes asociados a los mismos.

b. *El diseño de una nueva intervención* que aborde los problemas detectados, pero en el contexto de una unidad didáctica innovadora que incluya cambios coherentes en los contenidos, la metodología y la evaluación.

c. *El desarrollo y la experimentación del nuevo diseño*, así como su seguimiento riguroso a través del diario.

d. Y el *análisis evaluador de cómo ha funcionado la experimentación*, el impacto que ha tenido en la solución de los problemas prácticos y en el aprendizaje de los estudiantes, las fortalezas y debilidades que presenta, las mejoras a incorporar de forma habitual en las clases y los cambios a introducir en el siguiente CIMA:

Figura 8. *El cambio de concepciones del profesor.*

CAPÍTULO 4

EL DIARIO COMO INSTRUMENTO PARA TRANSFORMAR LA PRÁCTICA

Por lo visto hasta ahora, podemos afirmar que el hecho de llevar un diario de nuestra experiencia docente implica poner en práctica un método de desarrollo profesional permanente, y como tal, un proceso donde se pueden resaltar momentos y fases relativamente diferentes. Hasta ahora hemos descrito las características que adopta el contenido de un diario cuando se trata de reflexionar sobre los problemas del aula y sobre las ideas, creencias y concepciones que están asociadas a ellos.

A continuación, nos hemos centrado, en el capítulo anterior, en los momentos del diario en que nos proponemos cambiar nuestras propias ideas, reforzando aquellas que, probablemente intuíamos como mejores, pero que nos producían algún tipo de inseguridad.

El haber profundizado, discutido y caracterizado los problemas más significativos, posiblemente, nos habrá generado dilemas teóricos y nos habrá provocado un cierto nivel de conflicto con nuestro propio modelo didáctico.

Todo ello puede habernos creado condiciones favorables para asumir una mayor apertura a otros puntos de vista. Esta evolución de nuestras concepciones, si queremos ser rigurosos, ha de traducirse, como hemos descrito al final del capítulo anterior, en el diseño de una nueva intervención; es decir, los cambios de ideas han de tener un reflejo en nuestro programa de intervención y, para esto, el diario debe ser el testigo biográfico fundamental: el registro sistemático y coherente del nuevo diseño experimental.

Por tanto, aún queda un paso más, quizás el más problemático: la aplicación del nuevo diseño a la práctica. Conocer nuestros problemas, reflexionar sobre ellos, cambiar las concepciones asociadas y preparar hipótesis de intervención novedosas que pretendan resolverlos, son pasos obligados en nuestro desarrollo profesional, pero todo ello serviría de poco si al final nuestra práctica no cambia o, lo que es peor, si no tuviéramos datos fiables sobre si realmente cambia o no cambia y sobre la validez de dichos cambios. Por lo tanto, analizaremos ahora, en este capítulo, la función del diario como instrumento para promover una nueva práctica conscientemente dirigida y evaluada.

LO NUEVO NO ES SIEMPRE LO CONTRARIO DE LO VIEJO: LA CONSTRUCCIÓN DEL CONOCIMIENTO PROFESIONAL

Existe una cierta tendencia simplificadora en nuestra forma de pensar según la cual los cambios, o son globales, en el sentido de totales, o no lo son. Especialmente en educación podemos tener la intuición de que *lo que hacemos no sirve y de que hay que cambiar la clase completamente*. Sin embargo, esta especie de *maximalismo* se suele convertir en ocasiones en el peor enemigo del cambio. El plantear unas modificaciones demasiado ambiciosas puede paralizar y bloquear nuestra voluntad, ante el cúmulo de problemas nuevos que se nos vienen encima sobre los que poseemos muy pocos *saberes prácticos* (Figura 9).

© Ediciones Morata, S. L.

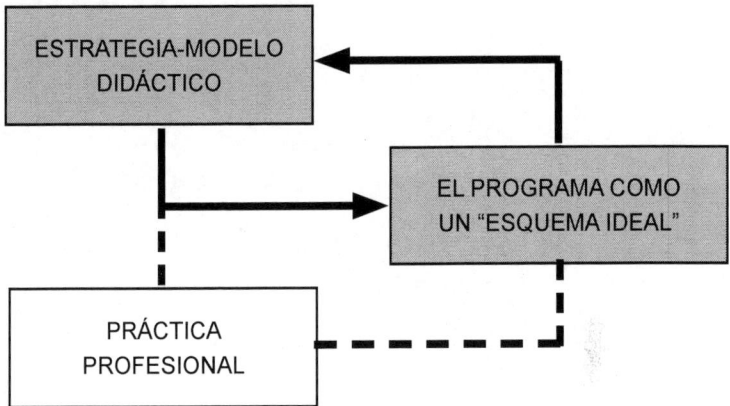

Figura. 9. *Idealismo ingenuo:* Lo que se hace no sirve y hay que cambiarlo todo y de una vez

Como contrapunto a este *idealismo pedagógico ingenuo,* que pretende trasladar mecánicamente *el ideal* (la estrategia, el modelo) a *la realidad* (la práctica, la acción), confundiendo el conocimiento teórico con el conocimiento práctico y el *saber* con *el saber hacer,* existe también otra tendencia más frecuente, pero tan simplificadora como la anterior, según la cual la *práctica rutinaria* es el único ideal posible, no considerándola como *lo que se puede hacer,* sino como *lo que se tiene que hacer.* De esta manera, muchos docentes confunden lo que podríamos denominar una postura de *sano realismo,* con la consideración de que sólo lo que *realmente se hace* merece la pena ser considerado, abandonando así cualquier proyección teórica o estratégica que guíe un proceso gradual de cambio (Figura 10).

© Ediciones Morata, S. L.

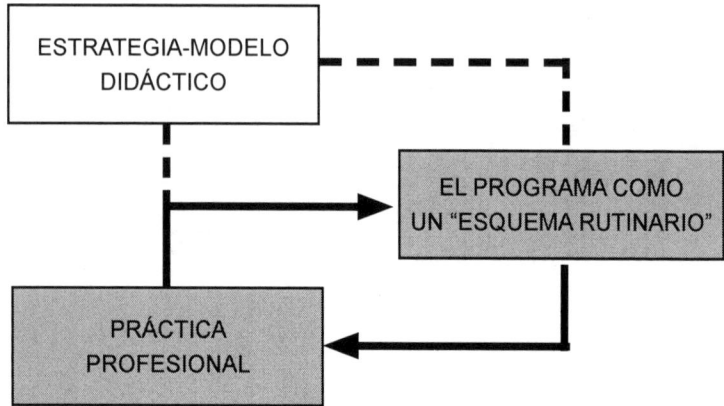

Figura 10. *Tacticismo inmovilista:* Lo que se hace es lo que se tiene que hacer.

Sin embargo, una adecuada actitud de mejora profesional requiere saber combinar dos procesos íntimamente relacionados, pero diferentes. Por un lado, un proceso de construcción teórica sobre la enseñanza, es decir de definición del *modelo didáctico de referencia*; y, por otro, un proceso de construcción práctica de nuestro *saber hacer profesional*. Inevitablemente nuestro modelo irá por delante de nuestra práctica, y, precisamente por eso, podrá orientarla; pero también, nuestra práctica nos obligará a repensar y complejizar el modelo de referencia, de manera que la relación entre ambos, modelo teórico y saber práctico, se conviertan en el motor de nuestro aprendizaje y desarrollo profesional (Figura 11).

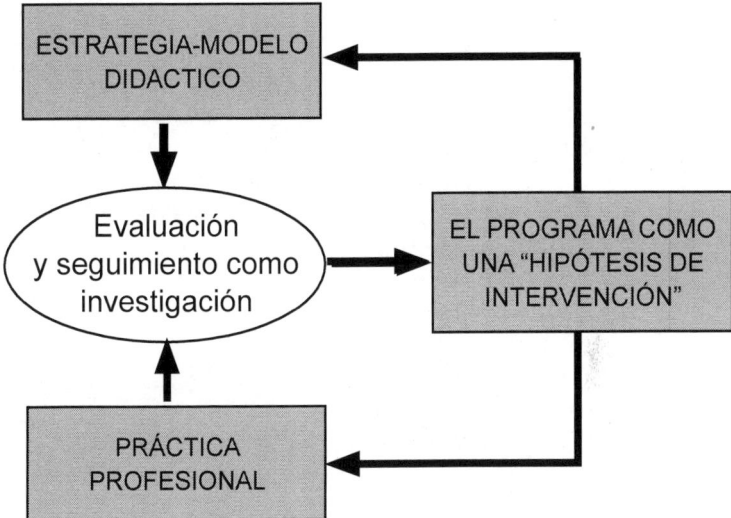

Figura 11. *Constructivismo evolucionista:* Se hace lo que realmente se es capaz de hacer a la luz de lo que teóricamente consideramos conveniente hacer.

Por eso *lo nuevo no es siempre lo contrario de lo viejo,* ya que lo nuevo, de alguna manera, siempre se apoya en lo viejo, aunque sea para negarlo. Al aplicar el nuevo programa de intervención descubriremos que, por más que hayamos introducido cambios sustanciales, fruto de los nuevos puntos de vista construidos teóricamente, nuestra práctica se *moverá* contradictoriamente entre las rutinas anteriores, que se quieren superar, y las nuevas conductas que se quieren incorporar. Con frecuencia, antes de consolidar algunos de los nuevos procedimientos prácticos, pasaremos por etapas intermedias de transición en las que estaremos aprendiendo y construyendo de manera genuina y significativa lo que *realmente somos capaces de hacer a la luz de lo que teóricamente consideramos conveniente hacer* (Figura 11).

Probablemente es en estas fases de transición, contradictorias e inseguras, donde existe una mayor potencialidad de aprendizaje profesional, ya que, desde *lo viejo,* desde lo que conocemos y sabemos hacer, lo que controlamos y nos da seguridad, intentamos experimentar, *hasta donde somos capaces,* el nuevo conocimiento teórico que hemos podido elaborar, descubriendo que cambiar la forma de pensar no garantiza cambiar la forma de actuar.

Sólo desde la tarea profesional de elaborar un diseño de intervención hipotético (lo que en el capítulo anterior hemos denominado Ciclo de Mejora en el Aula), que guarde cierta coherencia con las nuevas concepciones, al mismo tiempo que con los condicionantes contextuales y personales en los que trabajamos, y desde la tarea profesional que implica, asimismo, realizar un seguimiento riguroso del desarrollo práctico de dicho diseño, analizando y evaluando datos empíricos significativos, podremos asegurar, por un lado, que los cambios en nuestra forma de pensar influyen en nuestra forma de actuar, y que, por otro, los cambios que *de hecho* conseguimos en nuestra forma de actuar también influyen y mantienen viva nuestra forma de pensar.

En otras palabras, la construcción progresiva de nuestro *saber hacer profesional,* y el hecho de que aumente la calidad de los procesos de enseñanza-aprendizaje que diseñamos y aplicamos, depende fundamentalmente de como sepamos manejar la relación entre la teoría y la práctica, entre el modelo y la realidad; en definitiva entre nuestras concepciones pedagógicas y nuestra conducta en clase. Y para ello es determinante concebir de manera diferente el papel que todo diseño de intervención (la programación) ha de jugar, y realizar un adecuado seguimiento investigativo (evaluación) de su aplicación en la realidad.

Programar y diseñar la intervención es buscar un compromiso entre el grado de elaboración de mi teoría pedagógica y la visión que tengo de las restricciones que operan en la realidad escolar en la que me muevo y en mi propia capacidad profesional. Es, por tanto, adecuar la estrategia a las posibilidades de la realidad, en el sentido de formular a modo de hipótesis el CIMA que se considera más adecuado para *siendo realistas, poder cambiar.*

Evaluar es, asimismo, investigar la acción, los hechos que realmente ocurren cuando aplicamos el programa, para poder así comprender, a la luz del modelo de referencia, las dificultades prácticas, los bloqueos, las inadecuaciones y las variables no tenidas en cuenta, y analizar aquellos datos que nos permitan reformular, depurar y complejizar el diseño y, a la larga, el modelo o teoría que lo sustenta.

EL DIARIO DEJA DE SER EXCLUSIVAMENTE *UN DIARIO* Y SE CONVIERTE EN UN CUADERNO DE INVESTIGACIÓN

Llegados a este punto, el diario deja de ser exclusivamente un registro escrito del proceso reflexivo, para convertirse progresivamente en el eje organizador de una auténtica investigación profesional. No se trata ya solo de describir genéricamente los problemas prácticos que encontramos en nuestra actividad, ni de analizarlos poniendo en cuestión nuestras concepciones didácticas. Tampoco se trata solo de diseñar una nueva intervención, describiendo las nuevas incorporaciones teóricas que deseamos aplicar. Se trata, en esta fase, de desplegar técnicas más concretas y específicas para conocer cómo funciona el nuevo diseño en la realidad, recogiendo información previamente establecida, analizándola y categorizándola, contrastando datos obtenidos de fuentes diversas, comparándolos con lo previsto en el diseño y estableciendo conclusiones que reorienten el curso de la práctica y nos permitan validar y reconstruir nuestro propio conocimiento pedagógico-profesional.

El diario, pues, adopta un estilo más estructurado y se convierte en el desencadenante de otros medios de investigación (entrevistas, cuestionarios, análisis de documentos, etc.) y en el lugar de elaboración y síntesis de la información. El profesor, o el equipo de profesores, ya no actúa sólo como *observador informal*, o como *reflexivo esporádico*, ni siquiera solo como *programador riguroso*, sino que incorpora también, progresivamente, el estilo de un investigador *en* y *sobre* la práctica sometida a experimentación.

Evidentemente, la actividad de enseñar no es idéntica a la actividad científica de investigar; pero, si aceptamos que el concepto y la práctica de la investigación admite una diversidad de grados y niveles, cuando, como enseñantes, intentamos modificar la actividad de la clase basándonos en nuevos principios y fundamentos, estamos incorporando a nuestra profesionalidad ciertas dosis del espíritu y la estrategia de eso que denominamos genéricamente como investigación. El diario, por tanto, es el cuaderno de trabajo del experimentador, donde anota las observaciones, donde recoge las entrevistas, donde describe el contenido de los materiales de clase, donde compara y relaciona las informaciones, donde establece conclusiones y toma decisiones sobre los siguientes pasos de la experimentación.

Dos observaciones finales en este apartado. Por más que utilicemos palabras tradicionalmente vinculadas al método de las Ciencias Experimentales (observación, problemas, hipótesis, experimentación, etc.), no podemos olvidar que trabajamos en el campo de lo humano y lo social, y que, por tanto, usamos estos términos en un sentido amplio *y* no estricto. Cuando hablamos, por ejemplo, de experimentación no nos referimos a la reproducción de una situación en la que intentamos controlar todas las variables que intervienen para descubrir la variable causante del efecto-problema que estamos investigando (como en ciertos casos ocurre en las disciplinas llamadas experimentales), sino que nos referimos a una acepción más amplia del término, sinónima de una expresión del tipo: *innovación fundamentada y semi-controlada*.

Por último, no olvidemos que los datos que se obtengan estarán mediatizados por nuestras propias concepciones. Por eso, es necesario, como ya hemos indicado, que el seguimiento esté dirigido por nuestra hipótesis de intervención (el programa) y por los puntos de vista en los que dicho programa se basa (el modelo). Aunque es cierto que cambiar la forma de pensar no garantiza el cambio en la forma de actuar, también lo es que difícilmente cambiamos nuestra forma de actuar, sino es porque, a un cierto nivel, cambiamos nuestra forma de pensar.

INVESTIGANDO EL DESARROLLO DEL PROGRAMA: LA EVOLUCIÓN DEL CONOCIMIENTO EN EL AULA

La parte más esencial de la problemática que se intenta resolver al diseñar una nueva intervención está relacionada directamente con promover un mejor aprendizaje de los alumnos. Es decir, gran parte de nuestros problemas profesionales giran en torno a la evidencia de un cierto fracaso de nuestra enseñanza, en el sentido de que no está compensado el tiempo y el esfuerzo dedicado a ella con los resultados que constatamos en los alumnos.

Recordemos que muchos profesores tienden, ante esta situación, a centrar la responsabilidad, más o menos conscientemente, en elementos externos a ellos mismos y a los enfoques de enseñanza que ponen en práctica. Se piensa que los alumnos son torpes o poco capacitados, que tienen *conductas inadaptadas* o que *vienen mal preparados*. Puede ser que, según los casos, algunas de estas razones sean parcialmente ciertas, pero, no obstante, ésta es la situación de la que se parte y debemos medir el éxito o el fracaso de la enseñanza en relación con la situación inicial real y no con un supuesto nivel de conocimientos preestablecidos.

Es importante admitir que *nuestro trabajo tiene deficiencias y que es mejorable*. Es frecuente que la toma de conciencia de los problemas de la práctica vaya acompañada de un incómodo sentimiento de culpa que nos haga negar la evidencia y buscar responsabilidades exclusivamente en ámbitos externos a nosotros mismos (el alumnado, la administración, la familia, la sociedad, etc.). Sin negar, por supuesto, las dificultades que estos factores aportan a nuestro trabajo, es difícil sostener que cierto grado de mejora no depende de nosotros mismos y de las opciones profesionales que adoptamos. En este sentido, el diario nos ayuda a no cerrar nuestra mente a las evidencias y a no culparnos por situaciones que, efectivamente, dependen de muchas variables, están ancladas en la fuerza de la tradición y nos influyen y afectan a todos. *Sin autoengaño y sin culpa* estaremos en mejores condiciones de reconocer nuestro margen de maniobra y de introducir cambios controlados y progresivos que dependan de nosotros mismos.

Con esta actitud de aceptación de que la docencia es mejorable, nuestra propuesta para hacer un seguimiento investigativo del aprendizaje en el aula es que caractericemos, al comienzo de la unidad o centro de interés que vayamos a experimentar, el estado inicial del conocimiento de los alumnos: el nivel de conceptualización que manifiestan, las actitudes y valores predominantes, los procedimientos metodológicos que utilizan y las destrezas que tienen más o menos desarrolladas. De la misma manera, conviene conocer, como parte del estado inicial, los bloqueos u obstáculos cognitivos o/y afectivos que pueden estar impidiendo, en su caso, un mayor grado de evolución de sus conocimientos.

Para realizar esta tarea se pueden utilizar dos estrategias complementarias. Por un lado, realizando actividades iniciales diversas, y muy abiertas, que enfrenten a los alumnos con la problemática objeto de estudio y durante las cuales puedan expresar con toda libertad sus opiniones y puntos de vista espontáneos y ensayar tanteos procedimentales y destrezas. Por otro, pasando a los alumnos cuestionarios especialmente diseñados para acceder a sus concepciones previas, a sus modelos de pensamiento y a los valores que poseen en relación con la temática; cuestionarios que han de ser sencillos y abiertos, con un lenguaje coloquial que no presuponga conocimientos de corte académico en los alumnos (Figura 12).

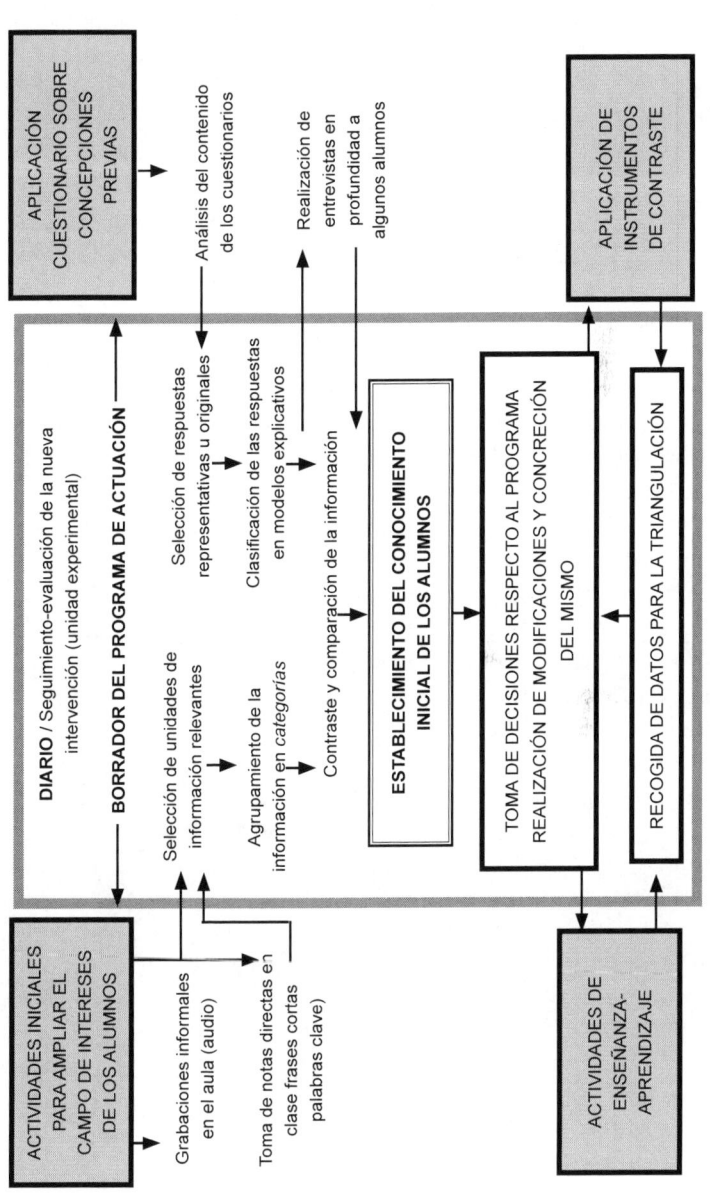

Figura 12. *Diagnóstico del estado inicial del conocimiento de los alumnos.*

El registro sistemático en el diario de las opiniones, argumentos, destrezas y actitudes observadas a través de la primera estrategia permite recoger las concepciones de los alumnos en situaciones reales de aprendizaje, en discusiones espontáneas con los compañeros, en las puestas en común iniciales, etc. Esta información ha de contrastarse con la obtenida a través de los cuestionarios; información que, obviamente, tiene menos garantía de espontaneidad y autenticidad, pero que, sin embargo, puede ser objeto de un análisis más sosegado, detallado y profundo (Figura 12).

Por lo tanto, en términos sencillos, al comenzar el seguimiento de la nueva intervención conviene tener una cierta idea del punto de partida de nuestros alumnos, y esto lo podemos conseguir combinando en nuestro diario el análisis de las opiniones, frases, discusiones, etc., recogidas durante la clase, con el estudio de las respuestas que dan los alumnos a un cuestionario sencillo sobre la temática de estudio.

En caso de disponer de más tiempo, o más experiencia, podemos completar la caracterización del estado inicial de los alumnos con la grabación en audio de algunas entrevistas a aquellos estudiantes que sean representativos de las formas de pensar predominantes en la clase, o a aquellos otros que presenten puntos de vista que, aun siendo minoritarios, posean una originalidad especial. Esta actividad complementaria nos permite profundizar en los conocimientos de los alumnos, comprendiendo mejor algunos de sus rasgos más interesantes (Figura 12).

Pues bien, caracterizado el estado inicial, debemos repetir el proceso varias veces durante el desarrollo de la unidad experimental, de manera que podamos determinar estados intermedios del conocimiento existente en el aula. Estos diagnósticos intermedios deben realizarse sustituyendo los cuestionarios por las producciones realizadas por los alumnos al hilo de las nuevas actividades que se les propongan. El cuaderno de clase individual o/y de grupo, los materiales e informes elaborados sobre sus trabajos, los murales, dibujos, cómics, vídeos, etc., son ejemplos de lo que queremos decir.

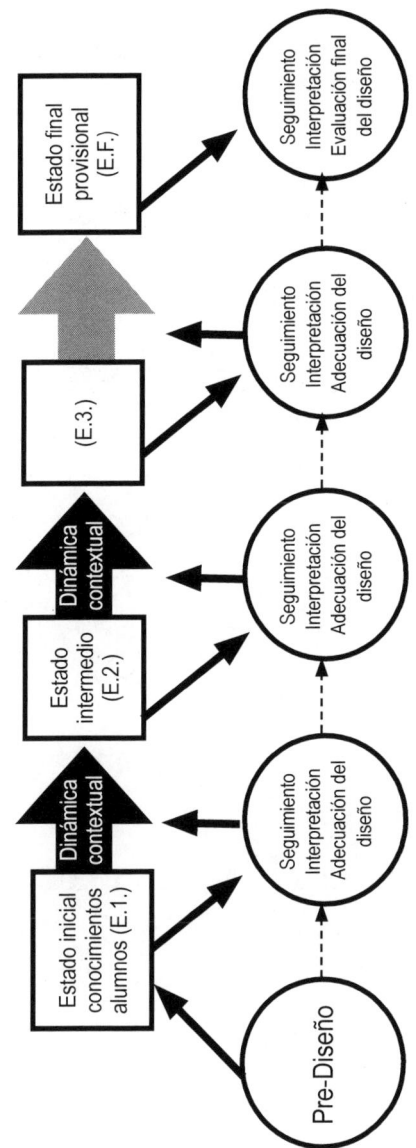

Figura 13. *Seguimiento y evaluación del conocimiento de los alumnos.*

La descripción del estado inicial supondrá probablemente una primera reformulación del programa diseñado. Es más, es recomendable que el diagnóstico inicial se realice cuando el programa sea todavía un borrador, pues parece obvio que éste ha de adecuarse al nivel previo de conocimientos de los alumnos. Asimismo, los diagnósticos intermedios nos permitirán adoptar un *enfoque fino* del seguimiento de la práctica, suprimiendo zonas de indagación poco relevantes, profundizando más en otras e incluyendo algunas que no preveíamos al principio. La determinación de los diferentes estadios intermedios de conocimiento y su comparación con los anteriores, nos permiten detectar la evolución de nuestros alumnos y someter las hipótesis de intervención a un proceso periódico de revisión, adecuación y concreción, de manera que facilite la superación de obstáculos, contradicciones y bloqueos en los alumnos, actuando como el motor de la construcción del conocimiento en el aula (Figura 13).

Al final de la unidad didáctica innovadora, es decir, del ciclo de mejora, se deberá establecer el estado final-provisional del conocimiento de nuestros alumnos, de manera que el análisis comparativo del mismo con respecto al estado inicial, nos aportará ideas fundamentadas sobre el proceso de aprendizaje *real* que han seguido, constituyendo un auténtico informe evaluador, que no sancionador, para los alumnos (Figura 13).

INVESTIGANDO EL DESARROLLO DEL PROGRAMA: LA EVOLUCIÓN DEL CONTEXTO DEL AULA

Decíamos en el apartado anterior que uno de los retos con que nos enfrentamos en la enseñanza es conseguir que nuestros alumnos aprendan más y mejor. Pues bien, también son importantes aquellos otros problemas más relacionados con la dinámica psico-social que se establece en el aula. Lo indicábamos en capítulos anteriores: la clase tiene un plano comunicacional académico, instruccional y explícito, y otro plano comunicacional más afectivo, social e implícito. Ambos planos mantienen entre sí una profunda y constante interrelación de manera que, por ejemplo, se puede *no querer aprender para llamar la atención o,* en el sentido contrario, *bloquear el aprendizaje de un alumno por no dedicarle la atención adecuada.* Habría que decir, más bien, que ambos planos no existen por separado, sino que están fundidos en la misma realidad y que sólo con el objetivo de poder analizar mejor los diferentes matices, tiene sentido su relativa separación. Una visión del aula indiferenciada, en la que priman los hechos aislados y las valoraciones precipitadas, nos impide ver las interacciones e interdependencias menos evidentes. Sin embargo, una visión más analítica que estructure la realidad en diferentes planos y dimensiones permite ganar en profundidad, que afloren las variables más ocultas y que podamos distinguir causas y consecuencias menos prototípicas. Según esto, como venimos diciendo, el diario debe ayudarnos a superar una visión epidérmica e indiferenciada de la realidad.

Uno de los aspectos que más interferencias provocan entre ambos niveles, desvirtuando y enmascarando el auténtico sentido de las conductas que se dan en el aula, es el hecho de que toda actividad escolar está condicionada por unas determinadas *relaciones de poder.* El profesor es percibido generalmente por los alumnos como investido por una autoridad institucional delegada de los padres y de la sociedad; autoridad que se ejerce especialmente a través del uso de la evaluación como mecanismo sancionador y calificador.

La existencia de las relaciones de poder hace que los alumnos dirijan sus conductas en la clase más con el objetivo de situarse frente a las mismas, que por auténticos intereses de aprendizaje. Ciertos alumnos preguntarán en clase, memorizarán contenidos y exhibirán una conducta escolar integrada, no tanto porque la actividad de clase les suscite un enorme interés y hayan captado su motivación y atención, sino porque han aprendido a comportarse adecuadamente tal como se espera de ellos, evitando así el juicio negativo y la sanción calificadora del docente. Al mismo tiempo, otros alumnos mantendrán conductas hostiles, abiertamente contrarias a la actividad académica que se les propone, provocando una cierta contracultura subterránea en el aula y actuando como elementos perturbadores y desestructuradores de la dinámica que intenta crear el profesor. Y esto lo harán, no tanto porque sean *malos por naturaleza,* sino porque no han podido, no han sabido o no han querido aprender a comportarse ficticiamente con conductas que pretendan demostrar un nivel de atención e interés meramente formal.

Estos hechos convierten, en muchos casos, las situaciones de clase en auténticas representaciones de *enseñanza y aprendizaje-ficción,* lo que explica la frecuencia con que los problemas de los profesores tienen sus raíces en los niveles no académicos de la comunicación escolar. Pero no sólo el contexto psico-social está determinado por una cierta estructura de poder entre profesores y alumnos, sino que también entre los propios alumnos se establecen liderazgos, agrupamientos naturales, afinidades y rechazos, que a veces explican determinadas tomas de postura durante las clases. Digamos que, sin conocer la trama subyacente de relaciones, los contenidos implícitos, lo que se ha dado en denominar el *currículum oculto,* es difícil comprender e identificar lo meramente aparente en el nivel instruccional.

Pues bien, al aplicar la nueva intervención, habrá que realizar un seguimiento de cómo evoluciona el contexto no formal del aula, y especialmente los aspectos o dimensiones que hemos considerado más problemáticos (relaciones con determinados alumnos, problemas de disciplina, estructura de los grupos de trabajo, relaciones niño-niña, etc.). (Figura 14).

Nuestra propuesta, en este sentido, consiste en mantener y mejorar la descripción y el análisis contextual que desde el principio venimos proponiendo como un contenido básico del diario. Es decir, combinar el registro mucho más estructurado, sistemático y racional que hemos descrito en el apartado anterior para caracterizar los estados iniciales, intermedios y finales del conocimiento de los alumnos, con registros más fenomenológicos, abiertos y, hasta cierto punto,

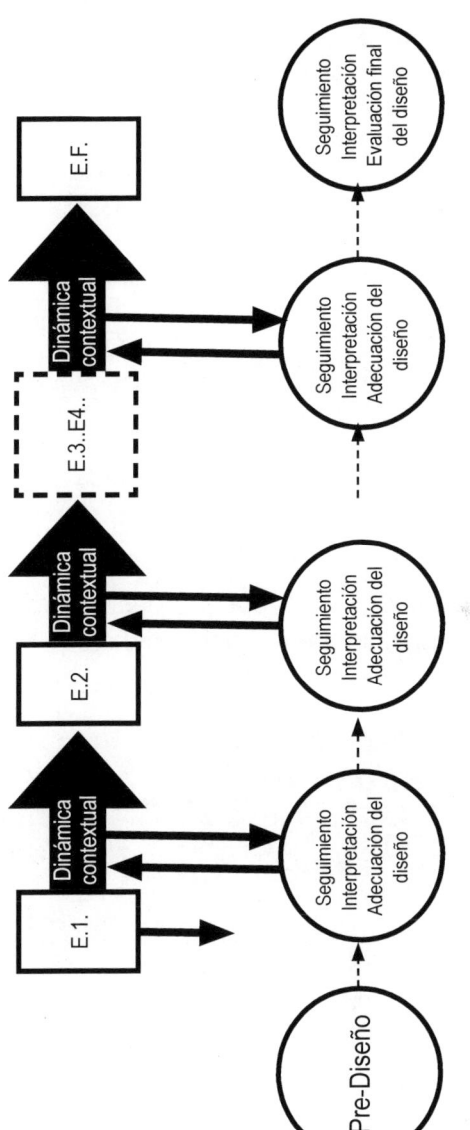

Figura 14. *Seguimiento y evaluación del contexto del aula. La dinámica de la triangulación.*

menos formalizados de la dinámica que se establece en el aula (Figura 14).

Para ello conviene trabajar con el contraste de informaciones procedentes de sujetos que ocupan diferentes posiciones en el aula; es decir, informaciones procedentes de nuestro punto de vista como profesores, de los puntos de vista de los alumnos, y de los de cualquier observador no implicado en las responsabilidades docentes. A este proceso se le denomina habitualmente como *triangulación* (Figura 14 y 15).

Precisamente por existir una estructura de poder y una trama oculta de relaciones que influye en la dinámica más visible del aula es por lo que conviene conocer directamente las opiniones que tienen los diferentes protagonistas, y, si es posible, las que tiene algún sujeto externo a la experiencia, que no esté afectado directamente por ella (compañero de equipo, asesor, investigador, estudiante en prácticas, etc.) (Figura 15).

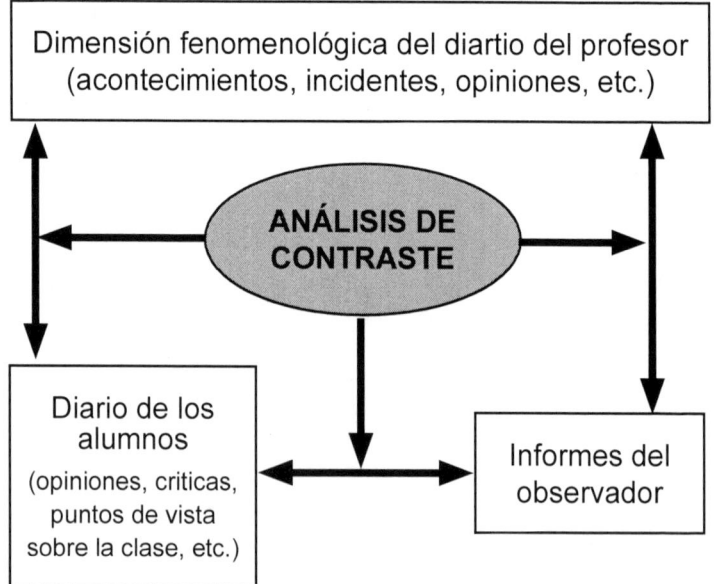

Figura 15. *Estructura de la triangulación.*

Por lo tanto, se puede trabajar con el diario de clase del profesor; con los diarios de clase o cuadernos de trabajo de los estudiantes; y con los informes periódicos del colega observador. Se harán análisis de contrastes a través de un proceso de triangulación que permita comprender como evoluciona la problemática y facilitar la toma de decisiones a diferentes niveles: en el equipo de profesores, en reuniones entre observador-profesor, en asambleas de clase con los alumnos, etc. (Figura 15). Y todo ello nos puede dar también información significativa para comprender los cambios o estancamientos que detectemos al describir los diferentes estados del conocimiento de los alumnos.

CAPÍTULO 5

RECORDEMOS ALGUNAS COSAS

En los capítulos anteriores hemos desarrollado una propuesta que se dirige fundamentalmente a aquellos docentes que comienzan a contemplar la necesidad de una reflexión crítica sobre su actividad, con el objetivo de mejorarla y rescatarla de la rutina y los estereotipos. El diario de clase es un instrumento que nos permite interrogar y desentrañar el sentido de la realidad, constituyéndose en el testigo biográfico fundamental de nuestra experiencia.

A lo largo del libro hemos ido viendo diferentes fases en la elaboración del diario. Hemos visto primero cómo comenzar, después cómo convertirlo en el instrumento central de un proceso de reflexión y mejora docente colectiva, y, por último, cómo hacer de él un cuaderno de trabajo, sistemático y estructurado que resulte imprescindible para el diseño, la evaluación y el seguimiento compartido de ciclos de mejora en el aula. A modo de síntesis final, vamos a recordar algunos consejos útiles sobre cómo llevarlo a cabo.

Recuerda que se comenzaba reflejando acontecimientos, situaciones, frases y comentarios de la vida del aula con el objetivo de ir construyendo una visión más objetiva y compleja de la realidad. Es recomendable que, en esta primera fase, las anotaciones recojan lo que nos resulte más significativo, prestando atención no solo a lo evidente, sino también a lo tácito y oculto.

Es conveniente, hacer un esfuerzo por separar la descripción del análisis y de la valoración, procurando que las interpretaciones que hacemos de los hechos no sustituyan al hecho mismo. Puede ayudar la fórmula de describir con detalle en una columna los acontecimientos (las personas, lo que hicieron o dijeron literalmente, el contexto, las reacciones, etc.), en otra anotar nuestros análisis de posibles causas y consecuencias y en otra nuestras valoraciones argumentadas. Varios consejos de carácter técnico sobre esto: utiliza a ser posible un cuaderno (las hojas sueltas suelen perderse); procura recoger en el momento, por escrito o en audio, palabras clave y frases significativas que te permitan luego reconstruir las situaciones y activar el recuerdo.

Desde el principio, el diario debe incluirse, si es posible, en una estrategia de análisis y reflexión colaborativa con un equipo de colegas. Comenzar las reuniones con la lectura y la discusión de los diarios puede ser un buen punto de partida. Progresivamente conviene ir sistematizando los debates y centrándolos en aquellos aspectos de la realidad que nos resultan especialmente relevantes o problemáticos. Es necesario para ello contar con alguna persona externa que nos oriente y ayude. Lo importante es superar el nivel del simple relato y entrar en el análisis de las causas y consecuencias, discutiendo en el equipo las ideas que tenemos sobre ello y delimitando bien los problemas.

Llega un momento en que nuestras ideas nos resultan limitadas. En ese caso es conveniente proponer lecturas, analizar experiencias similares, invitar a algunas personas, compañeros, etc., que aporten otras visiones de los problemas y amplíen nuestras perspectivas. El registro sistemático de todo ello en nuestro diario es un material de gran valor y utilidad.

Pero la discusión no debe orientarse sólo a problematizar la práctica, sino también a buscar nuevas soluciones fundamentadas, elaborando conjuntamente hipótesis de intervención. El diario, en esta fase, no debe recoger solo información empírica sobre los acontecimientos de la clase, sino que debe ir recogiendo también las nuevas concepciones teóricas que se van desarrollando.

En la fase de aplicación de lo programado, el diario deja de ser exclusivamente *un diario*. Es importante decidir previamente el tipo de información que deseamos recoger y los instrumentos que se van a utilizar (entrevistas, cuestionarios, etc.). El diario debe ser el cuaderno de trabajo que nos permite hacer un seguimiento global, estructurado y sistemático de la nueva intervención.

Por último, es necesario que ocupemos el espacio existente entre las teorías, el programa diseñado y la acción profesional construyendo un *Conocimiento Práctico Profesional*, como ocurre con todas las profesiones que implican una intervención rigurosa en la realidad. Este conocimiento debe reunir dos requisitos imprescindibles para que verdaderamente sea *práctico y profesional*. Por un lado, buscar sus fundamentos en teorías más formalizadas y generales (teorías psicológicas sobre el aprendizaje, teorías epistemológicas sobre la génesis del conocimiento, modelos didácticos generales, historia y epistemología de las disciplinas relacionadas con las materias escolares, didácticas específicas, etc.); y, por otro, debe ser funcional para el abordaje de los problemas concretos de la realidad.

Este conocimiento genuino de la profesión docente debe formularse en forma de *Principios Didácticos* argumentados. Para ello el diario y su relectura periódica, nos puede ayudar a adoptar un nivel de reflexión más conceptual, cuya finalidad ya no sea solo el análisis de la realidad, sino la construcción de ideas. De esta manera, poco a poco, iremos estableciendo algunas generalizaciones sobre cómo deberían ser las cosas. Estas declaraciones de principios deben ir abarcando las diferentes variables significativas del proceso de

© Ediciones Morata, S. L.

enseñanza-aprendizaje: alumnado, finalidades, contenidos, metodología, evaluación, nuestra propia actuación, etc. Al mismo tiempo, debemos centrar también nuestra reflexión escrita en comprender y profundizar en las relaciones que se dan entre todas estas variables, de manera que vayamos adoptando una perspectiva más sistémica e interactiva en la formulación de los principios. No es lo mismo enunciar un principio diciendo que *los contenidos han de estar conectados con los alumnos*, donde sólo se tiene en cuenta la interacción entre los contenidos y el alumnado de una forma muy general, que decir que los contenidos *han de formularse a un nivel próximo al de las ideas de partida de los alumnos para que éstos, a través de una metodología investigativa puedan, establecer conexiones entre sus significados internos y los externos*.

Los Principios Didácticos, en la medida que estén articulados entre sí y guarden un grado importante de coherencia interna, acabarán constituyendo nuestro *Modelo Didáctico Personal* de referencia, que nos ayudará a diseñar e intervenir en la realidad con criterio y autonomía, siendo conscientes de nuestras limitaciones internas, pero trabajando para superarlas, y tomando en consideración las dificultades que nos plantea el contexto, pero aprendiendo a sortearlas. La pertenencia a equipos y redes profesionales, además de aportarnos seguridad, sentido de pertenencia y un marco para la reflexión y la innovación compartida, debe aportarnos también un ámbito para la construcción colectiva de conocimiento profesional a partir del debate de Principios y Modelos en la perspectiva de construir *Modelos Didácticos Compartidos* que actúen como referentes para el cambio escolar.

© Ediciones Morata, S. L.

BIBLIOGRAFÍA

BIBLIOGRAFÍA EN CASTELLANO COMENTADA

En la misma línea de este libro, que pretende ser una guía fácil y práctica para la investigación del profesor a través del diario de clase, los libros y artículos que reseñamos a continuación pueden utilizarse para completar algunos de los aspectos aquí abordados.

ARANDA, E. M. y otros (2020). "Diarios de clase: estrategias para desarrollar el pensamiento reflexivo de profesores". *Educación y educadores, 23*(2), 243-266. https://doi.org/10.5294/edu.2020.23.2.5

LATORRE, A. (2003). *La investigación-acción. Conocer y cambiar la práctica educativa.* Graó.

MARTÍN, J. y otros (1986). "Los niños investigan. Los maestros también". *Cuadernos de Pedagogía*, núm. 142, pp. *32-35.*

OSPINA, D. P. (2016). *El diario como estrategia didáctica.* Recuperado de https://recursos.iafcj.org/historia/EL%20DIARIO%20COMO%20ESTRATEGIA%20DIDACTICA%20(5).pdf

TORRES, J. (1986). "El diario escolar". *Cuadernos de Pedagogía*, núm. 142, pp. *52-55*.

ZABALZA, M. A. (2011). *Diarios de clase. Un instrumento de investigación y desarrollo profesional*. Narcea.

Si se pretende profundizar más en los supuestos teóricos y metodológicos de la investigación del profesor en el aula recomendamos:

STENHOUSE, L. (1998). *Investigación y desarrollo del currículum*. Morata.

Es un libro ya clásico que recoge la fundamentación teórica del movimiento de profesores investigadores en el Reino Unido. Plantea los principios de un enfoque curricular alternativo (el currículum como proceso) basado en el desarrollo de la autonomía de profesores y alumnos.

ELLIOT, J. (2000). *La investigación-acción en educación*. Morata.

Junto con el anterior, es uno de los autores más citados en esta temática. Recoge y amplía las aportaciones de Stenhouse. En esta obra, hay que resaltar los capítulos dedicados a la caracterización de la imagen del profesor como investigador, así como su concepción del desarrollo profesional.

Por último, aunque está centrado en la enseñanza universitaria, para comprender y profundizar los mencionados Ciclos de Mejora en el Aula, en cualquier nivel educativo, puede ser un libro muy útil también:

PORLÁN, R. (coord.) (2017). *Enseñanza universitaria. Cómo mejorarla*. Morata.

REFERENCIAS BIBLIOGRÁFICAS

Los textos literales de los diarios de clase han sido tomados de una experiencia en el CP Giménez Fernández de Sevilla y pertenecen al profesor José Martín Toscano, coautor de este libro.

Claxton, G. (1984). *Vivir y aprender.* Alianza.

Cubero, R. (1989). *Cómo trabajar con las ideas de los alumnos.* Díada.

García, J. E., y García, F. F. (1989). *Aprender investigando.* Díada.

Gimeno, J. (1988). *El currículum: Una reflexión sobre la práctica.* Morata.

Grupo Investigación en la Escuela (1991). *Proyecto curricular IRES. (Investigación y Renovación Escolar).* Documento inédito. Sevilla.

Habermas, J. (1982). *Conocimiento e interés.* Taurus.

Porlán, R. (1995*). Constructivismo y escuela, Hacia un modelo de enseñanza-aprendizaje basado en la investigación.* Díada.